es 1776

edition suhrkamp

Neue Folge Band 776

Die Moderne ist bislang noch stark von prämodernen Traditionen durchzogen, die sich die Moderne in ihrer spezifischen Weise angeeignet hat, die zwar allesamt von der Moderne ›überformt‹ sind und die sie nun aufgebraucht oder nicht mehr nötig hat. Radikalisierung der Moderne meint in dieser Sicht das Zurückdrängen und Verbrauchen von solchen Restbeständen der Prämoderne. Ähnliches gilt für viele axiomatische Elemente der Lebenswelt, die als Normen eine große Rolle in der Alltagskommunikation spielten und spielen. Durch das Bewußtwerden und Infragestellen dieser Normen verlieren sie ihren axiomatischen Charakter oder werden gar zerstört, was dann als Krise der Normalität registriert wird. Dieser soziokulturelle Wandel wird in diesem Band in seinen Grundzügen beschrieben. Empirische Forschungen zu Veränderungen von sozialen Deutungsmustern oder ihren Elementen, den alltagspraktischen Orientierungen und den Gesellschaftsbildern – Alltagstheorien von Gesellschaft – werden in dieser Perspektive zu Bausteinen einer gerade erst begonnenen Untersuchung des soziokulturellen Wandels in den Gesellschaften Nordamerikas und Westeuropas. Diese Perspektive erlaubt es, die Phänomene des Individualismus, den der gegenwärtige Individualisierungsschub (U. Beck) hervorbringt, neu zu deuten und in den Kontext von Überlegungen zur Veränderung von Identitätsstrukturen zu stellen. Auf der Grundlage eigener empirischer Forschungen wird die Frage der sozialen Bindungsfähigkeit der neuen Individualisten diskutiert und in dem nicht nur utopischen Begriff der Alltagssolidarität verdichtet.

Rainer Zoll, geb. 1934, ist Professor für Gewerkschaftssoziologie an der Universität Bremen.

Rainer Zoll
Alltagssolidarität und Individualismus

Zum soziokulturellen Wandel

Suhrkamp

edition suhrkamp 1776
Neue Folge Band 776
Erste Auflage 1993

Erstausgabe

Satz: Hümmer, Waldbüttelbrunn
Druck: Nomos Verlagsgesellschaft, Baden-Baden
Umschlagentwurf: Willy Fleckhaus
Printed in Germany

1 2 3 4 5 6 – 98 97 96 95 94 93

Inhalt

1. Einleitung

Das Anliegen der folgenden Ausführungen besteht zum einen darin, auf die Existenz des soziokulturellen Wandels hinzuweisen und ihn in einigen Grundzügen zu beschreiben. Die bisherige Diskussion über den soziokulturellen Wandel ist noch zu sehr von Stellungnahmen geprägt, die ihn aus persönlicher Betroffenheit meist ablehnen oder seltener bejahen, statt Distanz zu den Phänomenen der kulturellen Veränderungen zu gewinnen, sie erst einmal wahrzunehmen, zu beobachten und dann zu deuten. Meine eigene Deutung beruht einerseits auf einer qualitativen Jugendstudie (Zoll 1989), andererseits auf internationalen Vergleichen (Zoll 1992) und einer intensiven diskursiven Verarbeitung mit Wissenschaftlern, Gewerkschaftern und vielen in unterschiedlicher Weise vom soziokulturellen Wandel betroffenen Individuen.

Zum zweiten will ich diesen Hinweis mit einer Kritik des Wertewandelbegriffs verbinden, unter dem der soziokulturelle Wandel bisher meist subsumiert wurde, und zugleich für ein Verständnis von Kultur als vorrangig Alltagskultur und einen Strukturbegriff von Kultur plädieren. Die bisherige Rezeption der These eines tiefgreifenden soziokulturellen Wandels leidet m. E. unter der Identifikation dieser These mit der des sogenannten Wertewandels, wobei die beobachteten Phänomene wahrscheinlich zum Teil dieselben sind; was differiert, ist die Deutung, ist der gesellschafts- und wissenschaftstheoretische Bezugsrahmen der Deutung.

Zum dritten liefert der Essay implizit Argumente für eine Position im Streit um die Postmoderne, die von Anthony Giddens und von Ulrich Beck vertreten wird. Dieser Punkt ist nicht eigentlich Gegenstand des Essays, verdient aber doch größere Aufmerksamkeit, als ihm ohne den expliziten Hinweis zuteil werden würde. Beck (1986) und Giddens (1991) wenden gegen die These, wir seien in die Epoche der Postmoderne eingetreten, ein, der Prozeß der Modernisierung sei keineswegs abgeschlossen, nur würden sich die Konsequenzen der Moderne gegen diese selbst wenden und so den weitergehenden Prozeß reflexiv gestalten. Ulrich Beck zeigt dies unter anderem an den Wandlungen der ehemals zentralen Rolle der Wissenschaft, die ihre Sicherheit oder ihre Sicherheit suggerierende Funktion zumindest teilweise verloren hat und von den selbstproduzierten Risiken zu einer neuen, intensiveren Form der Reflexivität gezwungen wird (Beck 1986).

Anthony Giddens spricht von einer Radikalisierung der Moderne, beschreibt die radikalisierte Moderne wie Beck als eine Risikogesellschaft und betont ebenfalls ihren reflexiven Charakter. Er sieht sie als eine »Moderne, die dazu kommt, sich selbst zu verstehen« (Giddens 1991, S. 8). Gewiß könne eine Kunstrichtung sich als Postmodernismus bezeichnen, aber der gesellschaftliche Prozeß sei, so seine Analyse, erst in der Hochmoderne angelangt. Eine Entwicklung von Gesellschaften hin zur Postmoderne ist für ihn durchaus denkbar, aber eine derartige Gesellschaft müßte mindestens folgende vier Merkmale besitzen: Sie wäre ein System, das die Knappheit von Lebensmitteln und Ressourcen – auch durch selbstgewählte, akzeptierte Beschränkungen – überwunden hätte; sie wäre demilitarisiert; ihre Technologie wäre humanisiert, und sie wäre durch eine vielschichtige demokratische Partizipation gekennzeichnet.

Die Moderne ist m. E. bislang noch stark von prämodernen Traditionen durchzogen, die sich die Moderne in ihrer spezifischen Weise angeeignet hat, die also gewiß allesamt von der Moderne »überformt« sind, aber doch so etwas wie den Humus darstellen, von dem die Moderne zehrte und den sie nun aufgebraucht oder nicht mehr nötig hat. Radikalisierung der Moderne meint in dieser Sicht das Zurückdrängen und Verbrauchen von solchen Restbeständen der Prämoderne. Zu denken ist dabei etwa an die ständischen Elemente in der Kultur vieler Gewerkschaften, die trotz aller Bemühungen um die Angestellten im Grunde Arbeitergewerkschaften geblieben sind, eben weil ihr Habitus von diesen ständischen Elementen – eng verbunden mit Resten der »Arbeiterkultur« – geprägt ist und kulturell keinen Platz für die genuinen Angestellten, die keineswegs aufgestiegene Arbeiter sind, öffnet (Zoll 1990).

Ähnliches gilt wahrscheinlich für viele axiomatische Elemente der Lebenswelt, die als unhinterfragte Normen eine große Rolle in der Alltagskommunikation spielten und zum Teil noch spielen. Wenn diese Normen bewußt werden und hinterfragt werden, verlieren sie ihren axiomatischen Charakter oder werden gar zerstört, was dann als Krise der Normalität erscheint. Mir scheint es unzweifelhaft zu sein, daß dieser Prozeß ein Moment der Radikalisierung der Moderne ist, denn in ihm wird Unhinterfragtes hinterfragt, werden Traditionen säkularisiert und der Anspruch rationaler Legitimation enorm ausgeweitet. Da zur Entstehung dieses Prozesses mit großer Wahrscheinlichkeit viele Faktoren beigetragen haben und der soziokulturelle Wandel zumindest tendenziell eine neue Lebenswelt schafft, scheint es mir nicht richtig, ihn nur als »Kolonialisierung der Lebenswelt durch das System« zu kennzeichnen; allerdings ist diese Kolonialisierung zweifellos einer der Faktoren der Zerstörung der traditionellen Lebenswelt in der Moderne.

In einigen Einzelaspekten des soziokulturellen Wandels zeigt sich ein Ablaufmuster, das ich als Aufhebung in durchaus dialektischem Sinn charakterisieren will. Besonders deutlich sehe ich solche Ablaufmuster in der Behandlung der Ideale von Beruflichkeit und der zur bürgerlichen Kleinfamilie führenden romantischen Liebe. In beiden Fällen war die Praxis der Moderne bisher eindeutig eine der Einschränkung des Ideals, die es für viele Menschen handhabbar, lebbar machte. Wenn die Individuen erkennen – auch ein Moment des Reflexivwerdens der Moderne –, daß die Praxis des eingeschränkten Ideals mit dem Ideal nur noch wenig oder gar nichts zu tun hat, dann bricht eine Krise der bisherigen Normalität von Arbeitsorientierung oder von Familienorientierung auf; etwa wenn ein Facharbeiter oder Techniker erkennt, daß die jahrzehntelange Routine in der Anwendung seiner Fähigkeiten seine Arbeit aller kreativen Aspekte oder auch nur halbwegs befriedigenden arbeitsinhaltlichen Momente beraubt hat; oder wenn eine Frau entdeckt, daß nach Jahrzehnten der doppelten Plackerei im Haushalt, beim Kinderaufziehen und in der Lohnarbeit von der romantischen Liebe nichts oder zu wenig übrig geblieben ist. Oft finden dann gerade die Frauen die Kraft, den alten Kontrakt, den die Individuen in diesen Praxisfeldern ja auch mit sich selbst geschlossen hatten, aufzukündigen und neu zu beginnen. Bei den Arbeitsorientierungen vollzieht sich die Zerstörung der alten Praxis meist nicht im einzelnen Individuum, das eher die Tendenz hat, fast verzweifelt und kontrafaktisch an ihr festzuhalten, sondern im Generationenwechsel. Was aber in all diesen Prozessen zerstört wird, ist nicht das Ideal selbst, sondern eine bestimmte Form des Umgangs mit dem Ideal, also die eingeschränkte Form, in der die romantische Liebe in der bürgerlichen Kleinfamilie und die Beruflichkeit in der Lohnarbeit ihre Verwirklichung fand. Das Ideal selbst wird im Gegenteil neu entdeckt und dient zur Kritik der bisherigen Praxis. Was dann entsteht, ist im Fall der Familienorientierung *das ganz normale Chaos der Liebe* (Beck/Beck-

Gernsheim 1990) und die Pluralisierung der Lebensstile (Zapf 1987).

Zu den Individualisierungsprozessen als wesentlichem Teil der Radikalisierung der Moderne hat Ulrich Beck (1983, 1986 usw.) so viel geschrieben, daß ich hier nur darauf hinweisen will, daß unsere empirische Arbeit zum soziokulturellen Wandel seine Thesen im wesentlichen bestätigt und nur gelegentlich nuanciert.

Dringend geboten scheint mir eine Aufarbeitung des Verhältnisses von Emanzipationsbewegung der Frauen und Moderne. Die Ideale der bürgerlichen Revolution wurden ja von der Moderne in vielen Bereichen noch nicht einmal in eingeschränkter Form verwirklicht, das Gleichheitsversprechen wurde weder gegenüber den Lohnarbeitern noch gegenüber den Frauen wirklich ernst genommen, geschweige denn eingelöst. Aber zugleich legitimieren die Ideale den Kampf um ihre Einlösung. So wie die Arbeiterbewegung den Kampf um die Bürgerrechte der Lohnarbeiter doch recht erfolgreich geführt hat – was nicht heißt, daß er abgeschlossen wäre –, so kehrt auch die Frauenbewegung im weiten Sinn die Ideale der bürgerlichen Gesellschaft gegen deren Praxis und treibt damit den Modernisierungsprozeß voran. Der Kampf der Frauenbewegung ist für mich ein wesentlicher Faktor des soziokulturellen Wandels; ein Blick auf die Kritik, die viele Jugendliche am bisherigen Rollenverständnis üben, selbst wenn sie noch Schwierigkeiten mit einer entsprechend veränderten Praxis haben, zeigt deutlich die verändernden Kräfte und ihre Erfolge.

Allerdings gibt es unter unseren empirisch gefundenen Merkmalen des soziokulturellen Wandels auch solche, die vielleicht doch über die Moderne hinausweisen; so sind etwa bei den Zeitorientierungen die Tendenzen der Individuen, ihre Zeiten flexibel zu gestalten, zumindest als ambivalent zu interpretieren. Der Widerstand gegen die Fortsetzung eines Prozesses, in dem Zeit immer abstrakter wird, die lineare Zeit schließlich digitalisiert, in einzelne Fragmente zerlegt wird, ist doch sehr groß. Immer mehr Individuen entdecken die Zyklen des Lebens wieder und versuchen, sie bewußt zu leben, versuchen, lineare und zyklische Zeiten irgendwie zu kombinieren.

Die Thesen zum soziokulturellen Wandel lassen auch völlig offen, ob mit den jetzt eigentlich erst begonnenen Individualisierungs- und Modernisierungsschritten die Moderne irgendwann abgeschlossen werden wird – oder gar schon abgeschlossen ist, wie die Anhänger der These der Postmoderne voreilig vermuten – oder ob die Modernisierung nach den zur Zeit laufenden Prozessen der weitergehenden Säkularisierung und Rationalisierung noch weiter fortschreiten kann; ob also die Moderne nach dem *second souffle,* dem zweiten Atemholen/Anlauf, den wir jetzt erleben, noch einen dritten finden wird oder auch nur finden kann, ist offen.

1.1 Die Geschichte vom Stein

In einem norddeutschen Zweigwerk eines multinationalen Elektronikkonzerns stellte ich vor einigen Jahren zwei Gewerkschaftsfunktionären das sozialwissenschaftliche Forschungsprojekt *Arbeitsorientierungen von Jugendlichen* vor; der ältere schien nach kurzer Zeit verstanden zu haben, worum es in diesem Projekt ging, und rief – die Stimme voller Erbitterung und Zorn – aus: »Das ist wie neulich auf unserem Campingplatz; mein Sohn und seine Freunde – eine *halbe* Stunde haben sie gebraucht, um da einen Stein zu versetzen!«

Noch heute höre ich den vorwurfsvollen Ton seiner Stimme. Fast war auch noch ein Satz zu hören, den er nicht sagte, aber wahrscheinlich dachte: »Wir, meine Freunde und ich, hätten zu unserer Zeit noch nicht einmal eine halbe Minute gebraucht, um so eine kleine Arbeit zu erledigen.«

Wem fällt da nicht die Rede vom Wertewandel ein und die Behauptung, die Jugendlichen von heute seien faul, sie hätten keine Lust zu arbeiten. Dieser Meinung schien auch mein Gesprächspartner zu sein; als Vater und vielleicht auch als Gewerkschaftsfunktionär hatte er Erfahrungen gemacht, die ihn in einer solchen Ansicht bestärkten.

Wenn wir die Geschichte vom Stein auf dem Campingplatz jedoch einmal genauer anschauen, fällt als erstes auf, daß der Stein zwar nicht sogleich versetzt wurde, sondern erst nach einer halben Stunde; aber er wurde doch bewegt. Ganz so faul, daß sie gar nicht erst zur Tat geschritten wären, waren der Sohn des Erzählers und seine Freunde nun wieder nicht. Was aber haben sie in der halben Stunde – wenn es denn eine war – getan, die sie »brauchten«, um den Stein zu bewegen? Damals, als ich die Geschichte hörte, dachte ich mir schon, daß sie die Angelegenheit erst einmal diskutiert haben; heute aber weiß ich, daß es so gewesen sein muß, denn es ist charakteristisch für die Lebenspraktiken des neuen kulturellen Modells, daß erst ein ausführlicher Kommunikationsprozeß stattfinden muß, bevor gehandelt werden kann. Wahrscheinlich haben also der Sohn des Gewerkschaftsfunktionärs und seine Freunde zunächst die Frage diskutiert, ob der neue Platz für den Stein überhaupt der richtige ist und wie er am besten transportiert werden kann.

Die Geschichte vom Stein scheint darauf hinzuweisen, daß es doch so etwas wie den Wertewandel gibt, selbst wenn zugleich Zweifel an der Behauptung, die Jugendlichen von heute seien faul, wach werden. Wir halten einen tiefgehenden kulturellen Wandel im allgemeinen nicht für möglich, weil wir selbst so sehr im existierenden kulturellen Modell, in den Deutungsmustern und Habitusformationen des Alltags verhaftet sind, daß uns ihre Geschichtlichkeit, ihre gesellschaftliche Bedingtheit nicht bewußt sind. Wenn wir aber die Veränderungen in anderen gesellschaftlichen Bereichen – etwa in der Technik oder in den Strukturen der Weltwirtschaft – betrachten, dann erscheint ein kultureller Wandel überfällig. Aber wer hält schon das geschichtlich eigentlich zu Erwartende für wahrscheinlich? Weder meine Mitarbeiter noch ich – und auch nicht die meisten anderen Sozialwissenschaftler in der Bundesrepublik – dachten zur Zeit des Beginns unserer empirischen Arbeiten am Projekt *Arbeitsorientierungen von Jugendlichen,* er könnte sich jetzt ereignen: der Bruch mit dem alten kulturellen Modell, mit dem, was so landläufig als Arbeitsethik bezeichnet wird. Und doch sprechen nicht nur viele kleine Indizien, wie die Geschichte vom Stein auf dem Campingplatz, sondern auch die Ergebnisse vieler empirischer Untersuchungen in den industriekapitalistischen Gesellschaften Westeuropas und Nordamerikas dafür, daß sich vor unseren Augen ein grundlegender soziokultureller Wandel vollzieht, der beginnt, das alte kulturelle Modell in den Ländern seiner Entstehung und ersten Verbreitung genau in dem Augenblick abzulösen, in dem es sich weltweit überhaupt erst richtig ausbreitet und in vielen Ländern am Anfang seiner Durchsetzung steht.

In der Bundesrepublik ist der Bruch spätestens seit Mitte der achtziger Jahre bei den Jugendlichen festzustellen. Sie selbst drücken ihn oft mit dem Satz aus: »Wir wollen nicht leben wie unsere Eltern!« Nun könnte die Meinung vertreten werden, dieser Satz bezeichne nur den traditionellen Gegensatz zwischen den Generationen, die Jugendlichen benötigten ihre Eltern als Widerstand, an dem sie sich reiben, sich abarbeiten könnten auf dem Weg zur eigenen

Identität. Eine genauere Interpretation dieses Satzes zeigt jedoch, daß es den Jugendlichen nicht um ihre sozialen und affektiven Beziehungen zu ihren Eltern geht; die können gut oder schlecht sein, sie spielen aber für das hier Gemeinte gar keine Rolle; es geht auch nicht um die Eltern des jeweils Sprechenden, sondern mit »unseren Eltern« wird zumindest eine Generation bezeichnet; auf jeden Fall ist es eine weit über die eigene Familie hinausgehende Verallgemeinerung. Mehr noch, es geht nicht um die Beziehung zu dieser Generation, sondern um ein Urteil über die Lebenspraxis, den Lebensstil der *verallgemeinerten Eltern:* »So, wie sie gelebt haben und leben, wollen wir nicht leben!«

Was aber sind die besonderen Merkmale der Lebenspraxis der Eltern, zu der die Jugendlichen eine so entschiedene Distanz äußern? Wie sieht ihre eigene Lebenspraxis aus, die sie der ihrer Eltern entgegenstellen? Anders gefragt: Gibt es Unterschiede in den kulturellen Strukturen, die die Lebenspraxis der Eltern und die der Jugendlichen prägen? Gibt es den sogenannten Wertewandel, stimmt die Vermutung konservativer Publizisten und Politiker, die Jugendlichen wollten nicht mehr arbeiten, sie seien hedonistisch und parasitär, sie wollten sich nur die Rosinen aus dem Kuchen des Lebens herauspicken, aber die damit verbundenen Mühen nicht auf sich nehmen? Zu diesem Verdikt gehört auch die Charakterisierung der jungen Generation als egoistisch, schrecklich individualistisch: Den Jugendlichen wird vorgeworfen, sie dächten nur an sich selbst, nur an ihr eigenes Leben, sie seien nicht bereit zu Opfern, sie wollten sich nicht einfügen in die kollektiven Lebensweisen ihrer Eltern, sondern jeder einen besonderen Lebensstil pflegen. Eine herbe Enttäuschung scheint die junge Generation auch denjenigen zu bereiten, die von der politisierten Avantgarde der 68er-Bewegung übriggeblieben sind und nun feststellen, die Jugendlichen von heute seien schrecklich unpolitisch. Das ist für diese 68er offenbar das Schlimmste, was eintreten konnte, denn in ihrem Sinn politisch zu sein, scheint ihnen das Wesentliche im Leben. Und die Jugendlichen, von denen sie hofften, sie würden ihr politisches Engagement weiterführen, haben offenbar ein ganz anderes Urteil über Politik und Engagement.

Aufschlußreich erscheinen diese Urteile auch für die Frage nach der Lebenspraxis der Elterngeneration, denn sie legen zumindest teilweise Rückschlüsse auf ihr Selbstbild nahe. Und Selbstbild und Lebenspraxis stehen durchaus in einer engen Beziehung. Überhaupt kann das Neue an den soziokulturellen Inhalten und Formen am besten im Vergleich erschlossen werden. Hierfür bietet sich für mich der Vergleich der Resultate der Jugenduntersuchung mit denen des vorausgegangenen großen Forschungsprojekts über *Arbeiterbewußtsein in der Wirtschaftskrise* an (Zoll 1981, 1984a u. b). In dieser Paneluntersuchung ging es um die Reaktion von Arbeitern auf den Einbruch der Wirtschaftskrise ab 1974/75, wofür im Abstand von zweieinhalb Jahren mit mehr oder minder betroffenen Frauen und Männern ausführliche Interviews geführt wurden. Zunächst aber will ich das Konzept des Wertewandels auf seine Brauchbarkeit für die Fragestellung nach dem soziokulturellen Wandel hinterfragen.

2. Die These des soziokulturellen Wandels

2.1 Zur Kritik des Begriffs Wertewandel

Wenn wir die Absicht erläutern, soziokulturelle Veränderungen zu studieren, lösen wir sehr häufig die Reaktion aus: »Ah, es geht Euch um den Wertewandel.« Was aber meint die Rede vom Wertewandel? Es ist ein schillernder Begriff, der in der Mehrzahl der Fälle sich auf die Jugendlichen bezieht und ihnen unterstellt, daß sich bei ihnen bestimmte Werte, genauer gesagt Werthaltungen, radikal verändert hätten. Diese Unterstellung impliziert selbstverständlich einen Vergleich mit eigenen Werten, von denen gemeint wird, sie hätten sich nicht verändert und könnten daher dem Urteilenden die Basis für sein Urteil abgeben. Am bekanntesten ist das negative Urteil über die Arbeitslust vieler Jugendlicher: sie hätten keine Lust zu arbeiten, sie seien faul. Ein anderer Vorwurf bezieht sich auf das Verantwortungsgefühl: manche Jugendliche würden für nichts mehr Verantwortung übernehmen, sie seien verantwortungslos in ihrem Denken und Handeln. Weitere Kritikpunkte sind Disziplinlosigkeit, Unbescheidenheit, Unstetigkeit. Auch wird gesagt, die Jugendlichen seien nicht in der Lage, eine Sache zu Ende zu führen, einer Idee oder einer Entscheidung treu zu bleiben oder zu ihr zu stehen, sie würden vieles anfangen, aber wenig vollenden, sie wären nicht fähig, auch einmal etwas hinzunehmen, sich unterzuordnen, zu gehorchen.

Es wird deutlich, daß hinter dieser Kritik die eigenen Wertvorstellungen der älteren Generation stehen: Ideale wie Fleiß, Arbeitslust, Pflichterfüllung, Treue, Bescheidenheit, Verantwortungsbewußtsein, Selbstlosigkeit. Für die Kritik des Wertewandelbegriffs ist es bedeutsam, wie die Wertbegriffe behandelt werden. Dafür ist die Geschichte vom Stein aufschlußreich. Schon bei der Erzählung fiel uns auf, daß zwar implizit der Vorwurf der Faulheit erhoben wurde, daß aber die geforderte Arbeit doch verrichtet wurde, die Jugendlichen also durchaus gehorsam und fleißig waren. Nur wurde der Weisung nicht sogleich gefolgt, es gab einen *time lag*, eine Zeitverschiebung. Vielleicht wurde die Weisung auch zunächst hinterfragt, vielleicht wurde von den Jugendlichen zuerst kommunikativ geprüft, ob sie denn auch sinnvoll sei. Auch haben sie wahrscheinlich ausführlich diskutiert, ob der vorgesehene Platz der richtige und wie der Stein am besten zu bewegen sei. Nun ist es sicher eine sogenannte Ansichtssache, ob all diese Diskussionen und Prüfungen notwendig sind, aber es wäre erst noch zu klären, ob undiskutiertes Handeln, »blinder Gehorsam«, besser ist als das Verfahren der vorhergehenden kommunikativen Legitimation. Wichtiger für die gestellte Frage ist jedoch, daß der Vorwurf der Faulheit nur erhoben werden kann, wenn der Kontext, hier also die Aktivitäten der Jugendlichen vor dem Bewegen des Steins, ausgeblendet wird.

Ein weiteres Beispiel liefert uns Bernd, ein 18jähriger Arbeitsloser, der zur Zeit des Interviews im Rahmen einer Arbeitsbeschaffungsmaßnahme in einer Jugendwerkstätte tätig ist. Er erzählt uns, daß er überhaupt keine Lust habe, in der Freien Jugendwerkstätte zu arbeiten. Wir könnten also annehmen, Bernd sei faul, er habe keine Lust zu arbeiten. Aber wir müssen genauer hinsehen, um seine Aussage wirklich zu verstehen: Bei flüchtiger Lektüre könnte man meinen, seine Aussage ziele auf die Arbeit, die er zur Zeit ausübt. Aber obwohl diese Arbeit, die er für eine niedrige Ausbildungsvergütung verrichtet, keineswegs seinen Enthusiasmus hervorruft, meint er nicht sie, denn er ist in einer kirchlichen Jugendwerkstätte tätig. Vielmehr stellt er sich vor, was mit ihm geschehen könnte, wenn er – wie er es bei Bekannten beobachtet hat – nach der Arbeitsbeschaffungsmaßnahme keinen Arbeits- oder Ausbildungsplatz bekäme; dann stünde er nämlich als Arbeitsloser vor der Frage, ob er für ein geringes Taschengeld in der sogenannten Freien Jugendwerkstatt arbeiten soll. Die Arbeit dort besteht aus einfachsten Hilfsarbeiten, zum Beispiel Erdarbeiten, während in der kirchlichen Jugendwerkstatt trotz aller Kritik Bernds – an unnötiger Disziplinierung, an ihn kaum interessierenden Arbeitsinhalten – doch wenigstens einige handwerkliche Fähigkeiten vermittelt werden.

In beiden Fällen sind die Vorwürfe im Ernst nur haltbar, wenn sie isoliert betrachtet werden. Auch auf der begrifflichen Ebene wird der Wert Fleiß isoliert, aus dem größeren kulturellen Kontext gelöst und nur so verwendbar im Rahmen eines Lamentos über den Verfall der Werte. Dabei soll hier nicht bestritten werden, daß dieses Lamento auf der Beobachtung wirklicher Veränderungen beruht; es geht vielmehr um die Deutung, die Erklärung dieser Veränderungen.

Die Werte werden nicht nur isoliert, sie werden auch hypostasiert, was jedoch nur – und hier wird der Zusammenhang einzelner Aspekte dieses Wertewandel-Diskurses deutlich – möglich ist, weil sie als einzelne betrachtet werden. Bernd hat zum Beispiel den Anspruch, daß die Arbeit, die er verrichtet, ihm sinnvoll erscheint, für ihn einen Bezug zu seinen durchaus vielfältigen Interessen besitzt: so ist etwa die kostenlose Pflege eines bestimmten Rasens für ihn sinnvoll, weil er dort mit anderen Modellflugzeuge starten und landen läßt; aber es hat für ihn keinen Sinn, praktisch unbezahlt einen Rasen für den Sportplatz eines großen Konzerns herzurichten, was Bekannte von ihm in der Freien Jugendwerkstätte machen mußten. Dabei sieht er durchaus die Nützlichkeit des Rasens ein, ist sogar empfänglich für die ästhetische Seite eines »schönen Rasens«; nur warum sollte er unbezahlte Arbeit für einen großen Konzern leisten?

Für die Kritiker der Veränderung von Wertvorstellungen bei den Jugendlichen und auch – wie wir in der Untersuchung über die Krisenreaktion von Arbeitern beobachtet haben – für die meisten älteren Arbeiter ist Arbeit, d.h. Lohnarbeit, ein Wert an sich, weil sie ihrem Leben einen Sinn gibt. Vielleicht sollten wir hier schon festhalten, daß die kritisierten Jugendlichen zwar vielfach »keinen Bock« auf bestimmte Arten von Lohnarbeit haben, jedoch keineswegs faul sind; vielmehr hat die Lohnarbeit an sich in ihrem Leben keine sinnstiftende Funktion.

Wie sehr die sogenannten Werte im Wertewandel-Diskurs isoliert und hypostasiert werden, ist auch daran zu sehen, daß ihre Widersprüchlichkeit und ihr Zusammenhang nicht reflektiert werden. Dabei gehörte es zu den beliebtesten Themen der Literatur dieses und des vergangenen Jahrhunderts, Konflikte zwischen verschiedenen Werten wie etwa zwischen Pflichterfüllung und Treue, zwischen Fleiß und Enthaltsamkeit zu behandeln. Solche Konflikte werden durch die Entwicklung des Industriekapitalismus immer weiter zugespitzt und hervorgetrieben, aber auch verändert. Eine Zeitlang schien es so, als ob »klassische« Konflikte wie der zwischen Treue und Pflichterfüllung an Gewicht verlieren und andere an ihre Stelle treten würden. Heute dagegen werden oft die Konflikte als solche nicht mehr erfahren, und die früher erfahrenen und in der Literatur dargestellten sind für viele, vor allem für Jugendliche, nicht mehr nachvollziehbar. Zugleich wird dadurch erkennbar, daß gerade das Erleben und die Darstellung der Konflikte wesentlich dazu beitrug, die Werte in den Köpfen der Menschen zu festigen. Es wäre ein Mißverständnis zu meinen, die in solchen Darstellungen geübte Kritik an einzelnen Werten führe zu ihrer Abschwächung. Das Gegenteil ist der Fall. Indem der Leser für die positiv dargestellten oder für die kritisierten Werte Partei ergreift, identifiziert er sich mit dem Wertesystem. Die reale oder symbolische Erfahrung der Wertekonflikte trägt also wesentlich dazu bei, die Werte als solche in den Individuen zu verankern. Wenn nun die Wertekonflikte für die Individuen nicht mehr nachvollziehbar sind, wenn sie von den Individuen nicht mehr als sie selbst betreffende Konflikte erlebt werden, dann gewinnen sie Distanz zum Wertesystem als ganzem, und es vollzieht sich in der Tat ein grundlegender kultureller Wandel.

Paradoxerweise ist es einer der vehementesten Kritiker des sogenannten Wertewandels, der nordamerikanische Soziologe Daniel Bell, der in seiner kulturpessimistischen Analyse der »kulturellen Widersprüche des Kapitalismus« über das Lamento in bezug auf den Wertewandel hinausgeht und seine Gründe in der gesellschaftlichen Entwicklung sucht. Wahrscheinlich ist seine Analyse der Gründe einseitig, aber es ist nicht zu bestreiten, daß er einen wesentlichen Faktor der Veränderung zutreffend benennt: »Der kulturelle Wandel der modernen Gesellschaft ist vor allem auf das Aufkommen der Massenkonsumption zurückzuführen, oder anders gesagt, auf die Verbreitung von Gütern, die für die mittleren und unteren Schichten zuvor als Luxuswaren gegolten hatten.« Bell sieht auch die kulturelle Entwicklung des Bewußtseins, das diesen Prozeß begleitet. »In diesem Prozeß werden frühere Luxusgüter ständig zu notwendigen Waren umdefiniert, so daß es schließlich unglaublich erscheinen muß, daß ein solch gewöhnlicher Gegenstand je als außerhalb der Reichweite eines gewöhnlichen Menschen liegend hatte erscheinen können« (Bell 1991, S. 83).

Schon durch die Bestimmung des Massenkonsums als einen der Gründe für die kulturelle Veränderung unterscheidet sich Bell von anderen Wertewandeltheoretikern, die den Werteverfall konstatieren, ihn aber nicht mit der Entfaltung der kapitalistischen Gesellschaft in Zusammenhang bringen. Darüber hinaus erkennt Bell den kulturellen Zusammenhang, in dem die Werte stehen, die säkularisierte Version der protestantischen Ethik, die Max Weber als den »Geist des Kapitalismus« analysierte (Weber 1927). Damit wird der Wertewandeldiskurs verlassen und das Feld der Untersuchung subjektiver kultureller Strukturen betreten. Bell bringt allerdings die protestantische Ethik meist noch unmittelbar mit religiösen Strukturen in Zusammenhang, was nur für den Ursprung, nicht aber die aktuelle Geltung der protestantischen Ethik richtig ist: Die säkularisierte Version der protestantischen Ethik hat mit den religiösen Bindungen ihrer Träger wenig zu tun; ob es sich um Katholiken, Protestanten, Moslems oder Buddhisten handelt, ist für die Effizienz ihrer Prinzipien kaum noch von Belang. Mit der Durchsetzung des Kapitalismus schlägt – worauf Weber schon hinwies – die protestantische Ethik von einer Voraussetzung in ein Resultat um, d. h., sie wird notwendig von dieser Gesellschaftsform in einer bestimmten Phase immer wieder hervorgebracht.

Daniel Bell findet die protestantische Ethik – was wahrlich nicht erstaunt – am ehesten noch in nordamerikanischen Kleinstädten vor. »Die protestantische Ethik und der puritanische Charakter waren Schlüsselwerte, deren Akzent auf Arbeit, Sparsamkeit, Genügsamkeit, sexueller Enthaltsamkeit und Lebensfeindlichkeit liegt. Sie definierten die Natur moralischen Verhaltens und sozialer Wertschätzung« (Bell 1991, S. 72). Zu Unrecht schränkt Bell die Geltung dieser Prinzipien auf die agrarische und kleinstädtische Lebensweise ein – wahrscheinlich, weil er sie noch zu sehr an ihren religiösen Ursprung gebunden sieht und nicht auf die ihnen innewohnenden generativen Grundprinzipien zurückführt. Aber durchaus zu Recht sieht er ihre Erosion als ein Resultat des kulturellen Widerspruchs zwischen Bescheidenheit, Enthaltsamkeit, nüchterner Lebensweise – in den Worten Max Webers: innerweltlicher Askese – und der Aufforderung zum Massenkonsum, ja seiner Verwirklichung, die trotz immer vorhandener sozialer Einschränkungen zu einem wesentlichen Faktor der weiteren Entwicklung des Industriekapitalismus wurde.

Da Bell sich auf kulturellem Gebiet als Konservativer versteht, will er die Erosion der protestantischen Ethik aufhalten – das ist offenbar der Sinn seines Buches über *Die kulturellen Widersprüche des Kapitalismus,* was sich auch in der polemischen Verve der Darstellung zeigt. Sich solch epochalen Veränderungen entgegenzustellen, ist meist ein vergebliches Unterfangen. Aber es ist hier nicht unsere Aufgabe, Bells Intentionen zu beurteilen, sondern die kulturellen Veränderungen zu beobachten und zu verstehen. Und hierfür ist Daniel Bells Analyse ein wichtiger Beitrag, da sie uns hilft, den Wertewandeldiskurs zu transzendieren, die beobachteten Phänomene als soziokulturellen Wandel zu verstehen, das heißt, eine Untersuchung kultureller Strukturen und ihrer Veränderungen zu beginnen.

Was die Analyse des soziokulturellen Wandels vom Wertewandeldiskurs unterscheidet, ist die Beschreibung und Deutung soziokultureller Strukturen und der diesen Strukturen zugrundeliegenden generativen Prinzipien. Der innere Zusammenhang der sogenannten Werte, der sich gerade auch in den Wertekonflikten zeigt, und ihre Geschichtlichkeit werden untersucht; aus der Bestimmung der Strukturmerkmale wird versucht, die Veränderungslogik der soziokulturellen Strukturen zu rekonstruieren. Im Wertewandeldiskurs dagegen werden die Werte durch ihre Isolierung verdinglicht, durch ihre Hypostasierung zu Werten an sich wird ihnen ihre Geschichtlichkeit genommen und dadurch werden sie – als außerzeitliche, überweltliche – jeglicher Veränderung und Kritik enthoben. So zeigt sich der Wertewandeldiskurs als selbst einem bestimmten kulturellen Modell verhaftet, das wir in unserer Forschungsarbeit der Einfachheit halber als »altes kulturelles Modell« bezeichnet haben, da wir denken, daß es in diesen letzten Jahrzehnten des 20. Jahrhunderts durch ein neues abgelöst wird. Das alte kulturelle Modell ist das der ersten Phase der Moderne, das neue das der beginnenden zweiten Phase. Dem alten kulturellen Modell vorgelagert ist das kulturelle Modell der Prämoderne.

Das alte kulturelle Modell bezeichnet die soziokulturellen Strukturen der industriekapitalistischen Gesellschaft von der Phase ihrer Entstehung bis zur Phase ihrer weltweiten Ausbreitung. Das Paradoxe des alten kulturellen Modells liegt darin, daß eine Gesellschaftsform, die schon Marx als die revolutionärste in der Geschichte der Menschheit charakterisiert hat, weil ihre innere Veränderungsdynamik die aller bekannten vorhergehenden Gesellschaftsformationen bei weitem übertrifft, kulturelle Strukturen hervorbringt oder benutzt, die als Werte an sich außerzeitliche Geltung beanspruchen. Wahrscheinlich ist es gerade die Dynamik der kapitalistischen Gesellschaft, die ihre Subjekte dazu veranlaßt, nach einem festen Halt in ihrem Leben zu suchen, den ihnen das alte kulturelle Modell mit seinen rigiden Strukturen, mit den Werten an sich gibt. Es soll nicht unerwähnt bleiben, daß es in dieser Periode immer auch eine kulturelle Gegenbewegung gab, die sich der gesellschaftlichen Dynamik verschrieb und die Rigidität und Dauerhaftigkeit der »Werte an sich« ablehnte, sie einer oft ätzenden Kritik unterzog; aber diese Gegenbewegung wurde doch eher getragen von kulturellen Minderheiten, etwa der Bohème oder den Surrealisten, die die Mehrheit durch ihr Anders-Sein in ihrem So-Sein bestätigten.

Damit wird vielleicht schon deutlich, daß der Begriff des kulturellen Modells nicht die künstlerische Avantgarde einer Gesellschaft meint, sondern die in der gesamten Gesellschaft existierenden kulturellen Strukturen. Kultur wird hier begriffen als die Gesamtheit der Denk- und Praxisformen einer Gesellschaft, Modell als das Muster, das dieser Kultur immanent ist, sie charakterisiert. Unter Mustern verstehe ich Strukturen, die eine Gestalt – im Sinne der Gestaltpsychologie – besitzen. So ist zum Beispiel das soziale Deutungsmuster des Sündenbocks eine Denkstruktur, die ich in ihren Merkmalen und in ihrer inneren Logik, ihrem Zusammenhang, beschreiben und erklären kann. Sobald diese Arbeit geleistet ist, kann ich das jeweils untersuchte Muster, hier das soziale Deutungsmuster des Sündenbocks an einem oder wenigen Merkmalen wiedererkennen. Ein kulturelles Modell ist ein Gesamtzusammenhang von Mustern, ein Metamuster, das vielen einzelnen kulturellen Mustern – etwa den sozialen Deutungsmustern – zugrunde liegt und in ihnen wiedererkannt werden kann.

2.2 Generationenkonflikt as usual?

Der häufigste Einwand gegen die Behauptung eines wesentlichen soziokulturellen Wandels, wenn sie, wie in unserem Fall, auf der empirischen Grundlage einer Jugendstudie erhoben wird, ist der Hinweis auf den Generationenkonflikt, der sich hier nur in neuer Form zeige. Es habe immer schon solche kulturellen Unterschiede zwischen den Generationen gegeben, sie würden nur in neuem Gewande reproduziert; wenn die junge Generation alt geworden sei, werde sie trotz ihrer heutigen gegenteiligen Behauptungen die kulturellen Muster der älteren Generation übernommen haben. Der Einwand läuft letztlich auf die Feststellung hinaus, es sei alles schon einmal dagewesen.

Der leichteste Weg, diesen Einwand zurückzuweisen, ist zweifellos der Hinweis auf empirische Untersuchungen, die die These vom soziokulturellen Wandel nicht mit Jugendstudien belegen, sondern sich auf die gesamte Bevölkerung beziehen. Eine solche Untersuchung liegt für die Vereinigten Staaten von Amerika mit Daniel Yankelovichs *New Rules – The Search for Self-fulfillment in a World turned upside down* (1981) vor. Nun kann entgegnet werden, die Kultur der USA sei so verschieden von der westeuropäischen, daß von der einen nicht auf die andere geschlossen werden könne. Die zweifellos vorhandenen Unterschiede sollen natürlich nicht geleugnet werden, aber es gibt doch gemeinsame Wurzeln und Grundstrukturen. Zudem sind die Merkmale des soziokulturellen Wandels und die Strukturen des entstehenden Neuen in der Untersuchung Yankelovichs und verschiedenen westeuropäischen Analysen (Molitor 1987, Lalive d'Epinay 1990, Cavalli 1991) so übereinstimmend benannt, daß eher die Vermutung naheliegt, der soziokulturelle Wandel betreffe die westlichen industriekapitalistischen Gesellschaften insgesamt. Eine solche Vermutung wird auch durch die einen Teilaspekt des kulturellen Wandels behandelnde Forschungsarbeit von Paul Grell zur *Débrouillardise sociale* im kanadischen Quebec gestützt (Grell 1985).

Schon in der Einleitung habe ich auf das kulturelle Selbstverständnis der Jugendlichen in unserer Untersuchung hingewiesen. Aus verschiedenen Äußerungen wird deutlich, daß sie nicht, oder genauer, nur in Einzelfällen im üblichen Eltern-Kinder-Konflikt befangen sind. Dieser Konflikt spielte früher häufig eine wichtige Rolle bei der Herausbildung einer eigenen Identität; die Eltern oder ein Elternteil diente als Widerstand, an dem sich die jugendliche Individualität abarbeitete; in der Auseinandersetzung mit ihren Identitäten konnte sich die Identität des Jugendlichen als je eigene überhaupt erst bestimmen. Die stärkere Identifizierung mit dem einen, die stärkere Ablehnung des anderen Elternteils war gewissermaßen ein normales und notwendiges Moment des Prozesses der Herausbildung der Ich-Identität im Sinne von Erik Erikson (1959). Die Bezugspunkte dieses Prozesses waren meist die eigenen Eltern oder elterliche Personen, der Bezug war positiv oder negativ, aber immer handelte es sich um einen konkreten Bezug auf Individuen, nicht auf eine ganze Generation.

In unserer Jugendstudie dagegen zeigte sich sehr bald, daß die in diesem Sinn konkrete Auseinandersetzung mit den je eigenen Eltern eine durchaus untergeordnete Rolle spielt. Auch in einer weiteren Forschungsarbeit, in der unter anderem jugendliche Arbeitslose interviewt wurden (Zoll 1991 a), stellten wir dieselbe Differenzierung fest: Rudi zum Beispiel verfolgt über Jahre hinweg erfolgreich eine Strategie, mit der er sich aus dem väterlichen Modell löst, also nicht in seine Fußstapfen als angesehener Facharbeiter und Gewerkschaftskollege tritt, obwohl er zunächst auf Anraten des Vaters dessen Beruf erlernt und in ihm durchaus auch selbst anerkannt wird; obwohl er die Fähigkeiten seines Vaters hoch einschätzt; obwohl er heute – nachdem er offenbar aufgrund von Konflikten über seine Entscheidung, den erlernten Beruf aufzugeben, aus dem Elternhaus ausgezogen ist – seine affektiv positiven Beziehungen zu seinen Eltern betont. Was er ablehnt, ist nicht die individuelle Lebenspraxis seines Vaters, sondern das Lebensmodell der Generation seiner Eltern; es sind die verallgemeinerten Eltern, die Rudi und anderen als Träger kultureller Normen gegenübertreten, die bei ihnen auf Unverständnis und Kritik stoßen. Zwar befördert die Kritik der Jugendlichen die Krise der Normalität, aber diese scheint mir doch der Kritik vorgelagert. Die objektive Seite der Krise der Normalität, das heißt vor allem die Deregulierung von sozialen Strukturen, die vielen Jugendlichen in der Form von realer oder drohender Arbeitslosigkeit, von Arbeitsbeschaffungsmaßnahmen zweifelhafter Beschaffenheit und Sinnhaftigkeit, von kleinen legalen oder illegalen Jobs gegenübertritt, bildet den sozialen Kontext, in dem sich die Jugendlichen zurechtfinden müssen und den sie notwendig als Teil der elterlichen Welt ansehen. Diesem sozialen Kontext gegenüber können sie sich nur kritisch verhalten. Beeindruckend ist dabei die realistische Sicht ihrer Möglichkeiten, die sie entwickeln, die sogar in Einzelfällen als fast zu realistisch erscheint. Sie verschwenden wenig Energie an das ihnen unabänderlich Erscheinende, versuchen, sich in diesem Kontext zurechtzufinden, können ihn allerdings kaum als sinnhaften beurteilen und haben dementsprechend eine relative Distanz zu ihm. Ohne diese Distanz wäre die von den sozialen Bedingungen ihrer Existenz ausgehende Bedrohung kaum zu bewältigen, was sich ja auch bei einer Minderheit in der Flucht in die Drogenwelt äußert. Die Kritik an der Lebenspraxis der verallgemeinerten Eltern und der Versuch, eine eigene, neue Lebenswelt zu entwickeln, erscheint dagegen als kreative Bewältigung einer schwierigen sozialen Situation.

Angesichts der hier skizzierten Kontextbedingungen des von den Jugendlichen ausgedrückten und vollzogenen kulturellen Wandels erscheint es als unwahrscheinlich, daß diese Veränderungen auf die Jugendphase oder eine nur etwas verlängerte Jugendphase beschränkt bleiben. Sicher ist zu erwarten, daß sich die bei den Jugendlichen beobachteten Strukturmerkmale im Prozeß des Älterwerdens und der Ausdehnung dieser Kultur auf die gesamte Gesellschaft noch verändern und differenzieren werden, aber eine einfache Rückkehr zu dem alten kulturellen Modell, die implizit von den Kritikern der These des soziokulturellen Wandels als Generationenkonflikt vorausgesagt wird, scheint doch ausgeschlossen.

Ein weiteres wichtiges Argument in dieser Auseinandersetzung ist die Frage, was Gegenstand der jeweiligen empirischen Untersuchung ist. Nach den ausführlichen methodologischen Debatten der siebziger und achtziger Jahre kann wohl festgehalten werden, daß Einstellungen in der Tat relativ schnell veränderbare Merkmale des individuellen und sozialen Bewußtseins sind. Es wäre also vermessen, die These vom soziokulturellen Wandel an Einstellungsuntersuchungen festzumachen (z.B. R. Inglehart 1977). Anders verhält es sich, wenn mit unterschiedlichen methodischen Vorgehensweisen – zum Beispiel der Kombination von Soziobiographien, qualitativer Inhaltsanalyse und Umfragen – gearbeitet wurde und die jeweiligen Ergebnisse weitgehend übereinstimmten.

Vor allem aber sind hier die Unterschiede zwischen der Einstellungsforschung und jenen Methoden relevant, die von vornherein auf die Erhebung von soziokulturellen Strukturen gerichtet sind. Dafür ist zum einen ein Verständnis subjektiver Strukturen als sozialer notwendig, zum anderen die Entwicklung von Methoden, die diesen Gegenständen, also sozialen Deutungsmustern, Habitusformationen und Identitätsstrukturen, besonders angemessen sind. Bei der Textgewinnung haben wir uns im wesentlichen für Interviews entschieden, die am Modell des narrativen Interviews (Schütze 1978) orientiert sind, starke soziobiographische Momente enthalten und abhängig vom Forschungsgegenstand auch thematische Strukturierungen sehr lockerer Art vornehmen können. Für die Textinterpretation verwenden wir ein kollektiv hermeneutisches Verfahren, das von der objektiven Hermeneutik Ulrich Oevermanns inspiriert ist (Oevermann 1979, Zoll 1984b, Molitor 1987). Selbstverständlich bieten auch diese Verfahren keine Garantie dafür, daß sich die ermittelten Strukturen nicht wieder verändern, daß also das Argument, es handele sich nur um den üblichen Generationenkonflikt, nicht doch zutrifft. Die bisherige Erfahrung, wie auch ein Blick in die Nachbardisziplin der

Tiefenpsychologie zeigen aber, daß sich die hier in Frage stehenden Strukturen – die mehr oder minder tief in die Identität der Individuen eingelassen sind – zwar durchaus verändern, daß aber die Veränderungsprozesse meist sehr langwierige und oft krisenhafte sind.

Wir selbst haben in einer Paneluntersuchung zum *Arbeiterbewußtsein in der Wirtschaftskrise,* die von 1978 bis 1983 die Krisenreaktion von Arbeitern erforschte, die Erfahrung gemacht, daß die erhobenen Strukturen, zum Beispiel soziale Deutungsmuster für den Relevanzbereich Arbeitslosigkeit und Wirtschaftskrise, sich nur sehr langsam verändern. Nur wirklich massive Kontextveränderungen wie Krisenbetroffenheit in Form von Arbeitslosigkeit führten zu relevanten Veränderungen, die aber meist bestimmte Teilbereiche wie gewerkschaftliche und politische Orientierungen betrafen, andere grundlegende Orientierungen dagegen mehr nuancierten als wirklich veränderten (Zoll 1981, 1984a u. b). Selbstverständlich muß hier auch zwischen alten, tief verwurzelten und neuen, in Entstehung begriffenen Strukturen unterschieden werden; letztere werden sich eher noch verändern und präzisieren als erstere. Ähnlich gilt, daß der Charakter der untersuchten Strukturen – ob es sich um rigide Merkmale oder um flexible Eigenschaften handelt – für die Veränderungsmöglichkeiten wesentlich ist.

Letztlich handelt es sich aber bei der These vom soziokulturellen Wandel – wie auch bei der Gegenthese vom Generationenkonflikt – um ein Deutungsangebot, das jeder selbst prüfen, über dessen Plausibilität jeder auf der Grundlage seiner Erfahrungen und Vorstellungen selbst entscheiden muß. Vielleicht gehört dies auch zu einem kulturell neuen wissenschaftlichen Selbstverständnis, nicht mehr qua wissenschaftlicher oder anderer Autorität Gültigkeit für eigene Aussagen zu beanspruchen, sondern zu wissen, daß wir in einen kommunikativen Verständigungsprozeß mit ungewissem Ausgang eintreten.

2.3 Für einen Strukturbegriff von Kultur

Es kann sich nun hier nicht darum handeln, einen Strukturbegriff von Kultur neu zu erarbeiten, sondern es geht mir darum, zum einen für einen Strukturbegriff als Instrument der Untersuchung von Kultur zu plädieren, zum anderen die Webersche Analyse der protestantischen Ethik als Geist des Kapitalismus als die Grundlage eines solchen Strukturbegriffs zu verstehen; eines Strukturbegriffs für die Epoche des sich durchsetzenden und entfaltenden Industriekapitalismus. Die These vom soziokulturellen Wandel lautet dann in anderen Worten, daß sich heute eine neue kulturelle Struktur herausbildet, für die es gilt, einen neuen Strukturbegriff zu entwickeln.

Hier kann zunächst nur der Strukturbegriff des alten kulturellen Modells umrissen werden. Dafür nehme ich die Weberschen Grundbegriffe auf und ergänze und übersetze sie – mit Hilfe von Daniel Bell, Daniel Yankelovich und anderen – in Begriffe, die der Alltagssprache näher sind. Das geht nicht für alle hier zur Diskussion stehenden Begriffe, vor allem nicht für den Grundbegriff der Weberschen Analyse überhaupt, der das generative Prinzip der säkularisierten Form der protestantischen Ethik bezeichnet: die Zweckrationalität. Diese sehr deutsche und schwer übersetzbare Wortschöpfung bezeichnet einen neuen Umgang des Menschen mit sich selbst und der Natur. Jeder Schritt, ja jeder Gedanke, soll daraufhin geprüft werden, ob er dem Zweck des Lebens angemessen sei. Eine solche Prüfung kann naturgemäß nur rational geschehen; die hohe Bedeutung der Rationalität im Zeitalter der Aufklärung findet so ihre alltagskulturelle Umsetzung. Erkennbar wird auch die in der Zweckrationalität angelegte Zwanghaftigkeit: Der Imperativ der Rationalität allen Denkens und Handelns im Hinblick auf den noch näher zu bestimmenden Zweck des Lebens erfordert vom Individuum eine ständige Aufmerksamkeit und Anspannung, also ein kontinuierliches, beharrliches, kurz zwanghaftes Verhältnis zu sich selbst. Trotz aller von Norbert Elias beschriebenen Verinnerlichung der Zwänge unserer Zivilisation erscheint es fast unmöglich, zum Beispiel jeden Morgen pünktlich zur Schule oder zur Lohnarbeit zu erscheinen, ohne sich wenigstens ab und zu bewußt und spürbar Zwang antun zu müssen.

Für die Alltagspraxis der Zweckrationalität fand Max Weber den Ausdruck der »methodischen Lebensführung«. Sie bezeichnet den Umgang des Menschen mit sich selbst als eine ständige Praxis der Prüfung aller Handlungen auf ihre innere Kohärenz, auf ihre Gerichtetheit. Nun wird nichts mehr dem Zufall überlassen, die Planung des Lebens muß gelingen, alle Wechselfälle des Lebens müssen durch das Vorhersehen ihres Eintretens und die entsprechenden Gegenmaßnahmen als Wechselfälle ausgeschaltet werden. Einen vorhergesehenen und eingeplanten Wechselfall gibt es nicht, er ist eben in der methodischen Lebensführung keiner mehr. Die Momente des Spielerischen, der Fantasie, aber auch des fatalistischen Hinnehmens der als schicksalhaft empfundenen Wechselfälle des Lebens, die im vormodernen kulturellen Modell eine so große Rolle spielten und die im neuen kulturellen Modell nicht immer fröhliche Urständ feiern, werden durch die methodische Lebensführung ausgemerzt, weil sie der Planbarkeit des Lebens zuwiderlaufen. Wieviel Zwang die entsprechende Disziplinierung der Menschen erforderte, wissen wir heute aus vielen kultursoziologischen und -geschichtlichen Studien.

Solange die Zwänge der Zweckrationalität äußerliche

blieben, war ihre Durchsetzung nur eine halbe Sache. Heute können wir mit Belustigung an die Konfrontation des Mitteleuropäers oder Nordamerikaners mit »südlicher«, also südeuropäischer oder südamerikanischer Lebensführung, zum Beispiel in Sachen Pünktlichkeit, denken; für die Betroffenen auf beiden Seiten war dies häufig eine sehr schmerzhafte Erfahrung. Diese Konfrontation macht aber auch den Unterschied zwischen einer eher von außen erzwungenen und einer durch *Verinnerlichung* vorangetriebenen, methodischen Lebensführung deutlich. Das ist das wesentlich Protestantische dieser Ethik: Es kann, wie ich meine, kaum einen Zweifel daran geben, daß die Grundprinzipien der protestantischen Ethik schon vor der Reformation entwickelt wurden – man denke nur an die Schriften Albertis aus der Zeit der Renaissance. Aber einen Grund für ihre tiefgehende Verinnerlichung lieferte erst die kalvinistische und später puritanische Version des Protestantismus, wie Max Weber gezeigt hat; erst wenn das Seelenheil des Menschen in mehr oder minder unmittelbarem Zusammenhang mit der methodischen Lebensführung steht, wird der Zwang verinnerlicht und der Geist des Kapitalismus, wie wir aus der Rückschau wissen, besonders erfolgreich durchgesetzt.

Der Zweck des Lebens – und damit der methodischen Lebensführung – wurde vom Kalvinismus und Puritanismus in einer für die Lebenspraxis besonders wirksamen Weise definiert: Es ging nicht nur um künftige Belohnung für ein tugendhaftes Leben, vielmehr war, so besagt die Prädestinationslehre, die Entscheidung über das Seelenheil eigentlich gefallen, sie mußte sich nur in der Alltagspraxis (der methodischen Lebensführung) bewähren. Jedes Individuum mußte notgedrungen annehmen, es sei »erwählt« und müsse sich nun im Leben bewähren; im anderen Fall war es durch die negative Gnadenwahl und/oder die falsche Lebensführung verloren, das heißt, es bestand auch ein Zwang zur Annahme der positiven Gnadenwahl.

Der Prozeß der Säkularisierung geht nun viel weiter, als oft angenommen. Nicht nur das Seelenheil im künftigen Jenseits wird in der Form des künftigen Wohlergehens, des Wohlergehens der Kinder, in der Form der gelungenen Kapitalakkumulation, die dann ein besseres Leben gestattet, in der Arbeiterbewegung und in der Form der künftigen sozialistischen oder kommunistischen Gesellschaft säkularisiert, auch die Beweisführung für die Notwendigkeit der methodischen Lebensführung wird säkularisiert und entsprechend literarisch aufgearbeitet: Ohne zweckrationale Lebens- und das heißt vor allem Berufspraxis sind weder – wie der kapitalistische Alltag immer wieder in brutaler Offenheit zeigt – der Kapitalist noch der Lohnarbeiter erfolgreich, kann sich weder der Kapitalist als Kapitalist noch der Lohnarbeiter als Lohnarbeiter behaupten. Der eine verliert seine Rolle, der andere verlor früher oft sogar sein Leben, heute wird er »marginalisiert«. Auch hier wird deutlich, daß die protestantische Ethik sowohl die Voraussetzung der industriekapitalistischen Entwicklung als auch ihr Resultat ist. Und das gilt nicht nur für die Epoche, sondern auch für jeden einzelnen Augenblick des Kapitalismus: Ohne ein Minimum dieser Ethik wird das Individuum weder erfolgreicher Unternehmer noch Lohnarbeiter sein können; zugleich bringt die Praxis des Unternehmer-Seins und des Lohnarbeiter-Seins diese Ethik als Grundhaltung für die Lebenspraxis immer wieder hervor, denn der Alltag der kapitalistischen Gesellschaft, einer überaus komplexen, auf verschiedenen Ebenen vielfach in sich verflochtenen Gesellschaft, erfordert die methodische Lebensführung. Ohne sie »läuft nichts«.

Die Bestimmung des Zwecks des Lebens hat in dem alten kulturellen Modell eine zeitliche Dimension, die schon früh erkannt wurde. Die Erfüllung der mit der methodischen Lebensführung verbundenen Wünsche und Hoffnungen liegt in der Zukunft, und das gilt für alle Versionen der protestantischen Ethik, die verschiedenen religiösen wie auch die ebenfalls zu unterscheidenden säkularisierten Fassungen. In allen Fällen gibt es eine Erfüllung nur in einer bestimmten oder unbestimmten Zukunft, liege sie nun im Jenseits des irdischen Lebens oder im Diesseits, bei den Kindern oder im Alter. Wer hat noch nicht – meist von Arbeitern, wie wir in unseren Interviews im Rahmen der Studie *Arbeiterbewußtsein in der Wirtschaftskrise* – den Satz gehört: »Meine Kinder sollen es einmal besser haben als ich!«; oder jemandem gelauscht, der sich ausmalte, was er sich alles »im Alter«, also nach der Lohnarbeit, nach der Pensionierung gönnen wollte. Zwar kann die Befolgung der Regeln der Zweckrationalität auch in der Lebenspraxis Genugtuung verschaffen; sie wird immer dann verspürt, wenn das Individuum, das sich anstrengt, diesen Regeln zu folgen, den Eindruck hat, es sei ihm besonders gut gelungen. Aber die eigentliche Erfüllung der Hoffnungen liegt in der Zukunft.

Im Englischen hat dieses Muster bereits eine begriffliche Fixierung erfahren als *delayed gratification pattern.* Es ist ein Grundelement des alten kulturellen Modells, das sich in den erwähnten alltagssprachlichen Topoi, aber auch in vielen anderen Redewendungen und Aussagen zeigt. Sein Inhalt ist es, die Gegenwart der Zukunft zu opfern. Damit sind wir bei einem weiteren Merkmal des alten kulturellen Modells angelangt, das in dem Opfer der Gegenwart enthalten ist. Max Weber nannte es die »innerweltliche Askese«. Das Individuum muß sich gegenüber seinen Bedürfnissen und Gelüsten asketisch verhalten, um den Ansprüchen der methodischen Lebensführung zu genügen. Wirkliche Erfüllung der Bedürfnisse und Wünsche kann es nur in der

Zukunft geben, die Voraussetzung für die Erfüllung in der Zukunft ist aber der Verzicht in der Gegenwart. Der Kapitalist muß sparsam leben, er darf den gewonnenen Mehrwert nicht »verfressen«, nicht für seinen Konsum ausgeben, er muß ihn reinvestieren. Das ändert sich natürlich, sobald die Profite und das Kapital eine gewisse Größe erreicht haben, dann kommt es auf den privaten Konsum des Kapitalisten kaum noch an, aber diese Größenordnungen müssen erst einmal erreicht sein; sie sind auch heute noch nicht gerade häufig. Außerdem ist der Einzelkapitalist tendenziell längst durch ein anonymisiertes Kapital ersetzt. Und auch der Lohnarbeiter darf seinen wie immer kärglichen Lohn nicht gänzlich für den alltäglichen Konsum verbrauchen, er muß für unvorhergesehene Wechselfälle wie Krankheit und Alter vorsorgen. Das ändert sich zwar durch die staatliche soziale Sicherung und für eine Minderheit auch durch entsprechend hohe Löhne. Aber wie dünn das soziale Netz sein kann, wird angesichts der wachsenden sozialen Differenzierung gerade in den entwickeltsten industriekapitalistischen Ländern bereits auf den Straßen sichtbar.

Indem das Individuum dem Muster der *delayed gratification* folgt, bringt es Opfer, Opfer für die eigene Zukunft und für die seiner Kinder. Das gilt nicht nur für Kapitalist und Lohnarbeiter, sondern auch für andere Rollen und Berufe in dieser Gesellschaft. So opfert sich der Politiker für eine bessere Zukunft der Gesellschaft, der Gewerkschafter für eine bessere Zukunft der Arbeiterklasse oder der von ihm vertretenen Lohnabhängigen. Selbst wenn in diesen beiden Fällen die Erfüllung nicht in einer fernen Zukunft liegen muß, sondern zum Beispiel in einem besseren Gesetz oder – im Falle des Gewerkschafters – in einem besseren Tarifvertrag, so liegt sie doch in beiden Fällen eindeutig nicht in der Gegenwart und außerdem bei anderen, für die der Politiker oder der Gewerkschafter stellvertretend handelt. Beide opfern also ihre Gegenwart; sie müssen ihre eigenen Wünsche verleugnen, um dieses Opfer zu bringen. Selbstverleugnung – der Ausdruck wurde vor allem von Daniel Yankelovich zur Bezeichnung dieses Merkmals des alten kulturellen Modells gewählt – erscheint mir als eine glückliche »Übersetzung« des Weberschen Ausdrucks der innerweltlichen Askese. Eine asketische Lebensführung besteht in der Verleugnung von Bedürfnissen und Trieben: *Delayed gratification means necessarily selfdenial.*

Eine ganze Reihe wichtiger Tugenden der protestantischen Ethik leitet sich unmittelbar aus dem Grundprinzip der innerweltlichen Askese, also der Selbstverleugnung, des Opfers der Gegenwart, her: Bescheidenheit, Selbstlosigkeit, Enthaltsamkeit und selbstverständlich auch Keuschheit, die sexuelle Enthaltsamkeit.

Da die protestantische Ethik immer wieder als reine Arbeitsethik mißverstanden wurde und wird, kam es mir darauf an, ihre Grundprinzipien als die ganze Lebensführung bestimmende darzulegen. Aber es gibt keinen Zweifel daran, daß sich die methodische Lebensführung in der Arbeit, und gemeint ist immer die berufliche Arbeit, beweisen muß. In den religiösen Ursprüngen dieser Ethik wurde die Berufsarbeit als Dienst am Herrn aufgefaßt: Die erfolgreiche Berufspraxis und darüber hinaus die gesamte Lebenspraxis sollte das Individuum als der Gnadenwahl würdig erweisen. Während Arbeit vorher existenznotwendige Fron war, wird sie nun zu dem, was dem Leben einen Sinn verleiht. Auch hier sind die daraus abgeleiteten Tugenden offenkundig: Fleiß, Beharrlichkeit, Disziplin.

Zugleich mit dieser modernen Neubestimmung der Berufsarbeit erfolgte eine Entgrenzung. Während der Mensch in der Vormoderne für seine aktuelle Existenz arbeitete und allenfalls noch ein Moment der Vorsorge diesen Rahmen ausweitete, gibt es nun keine innere Begrenzung der Arbeitsamkeit mehr, da sie nicht mehr nur der Existenzsicherung, sondern der Offenbarung eines als höher angesehenen Sinns dient. Bekannt ist, daß die frühen Lohnarbeiter, wenn sie nach etwa drei Tagen genug für ihre Existenzsicherung verdient hatten, für den Rest der Woche nicht mehr zur Lohnarbeit erschienen. Das Gegenmittel der Frühkapitalisten bestand in drastischen Lohnsenkungen, die die »faulen« Lohnarbeiter dazu zwangen, jeden Werktag zur Arbeit zu kommen. Während die Dynamik der kapitalistischen Entwicklung objektiv in der Grenzenlosigkeit der Kapitalakkumulation (Marxens Formel G–G') angelegt ist, wird ihre subjektive Voraussetzung mit der modernen Neudefinition von Arbeit geschaffen.

Die sogenannte Arbeitsethik war Gegenstand so vieler Abhandlungen, daß hier nicht weiter auf sie eingegangen werden soll. Wichtiger für unseren Gegenstand ist die aktuelle Diskussion über die Veränderung der Arbeit selbst, die, wie den meisten Autoren bewußt ist, nicht ohne Auswirkungen auf die Arbeitsethik bleiben kann (z. B. Bernd Guggenberger [1988], André Gorz [1989], Jean-Marie Vincent [1988] und Daniel Yankelovich et al. [1985]). Hier soll noch auf einen anderen Aspekt eingegangen werden, der für die Veränderungen des alten kulturellen Modells besonders bedeutsam zu sein scheint. Mit der Definition des Zwecks des Lebens, der Erfüllung, die der Mensch durch seine jetzige Lebenspraxis in der Zukunft findet, erhalten die Aufgaben, die er in seiner Lebenspraxis in der Zukunft findet, erhalten die Aufgaben, die er in seiner Lebenspraxis als »zugewiesene« oder »gewählte« übernimmt, eine besondere Bedeutung: es sind Rollen, die er in seinem Leben spielen wird. Seiner Pflicht kommt das Individuum nach, indem es diese Rollen so gut wie möglich ausfüllt. Die Tugend der Pflichterfüllung gewinnt ihre eigentliche Bedeutung in bezug auf die jeweils zu erfüllenden Rollen. Zwar ist die Wahl der

Rollen im Prinzip frei, in Wirklichkeit sind sie jedoch weitgehend zugewiesen. Kaum einem steht es frei, die gesellschaftlichen Rollen des Kapitalisten oder des Lohnarbeiters zu wählen. Die gesellschaftliche Lage und, eng mit ihr verbunden, die kulturellen Normen entscheiden weitgehend über die gesellschaftliche Rollenverteilung. Die Rollenzuweisung ist *gendered*, das heißt, die Verteilung auf Frauen und Männer ist ebenfalls gesellschaftlich festgelegt. Darüber hinaus werden aus biologisch begründeten Funktionen, etwa Mutter-Sein und Vater-Sein, auch gesellschaftliche Rollen: Frauen erhalten die Rollen der Hausfrau und Mutter zugewiesen, Männer die des Ernährers der Familie und so weiter. Eine freie Wahl von Rollen ist am ehesten noch Männern vorbehalten; in bestimmten, meist durch die Normalbiographie gesetzten Grenzen kann der Mann einen Beruf wählen, nur kann er nicht entscheiden, ob er der Ernährer der Familie sein will oder nicht – diese Rolle ist gesellschaftlich zugewiesen. Eine wirklich freie Entscheidung für eine Rolle ist selten, sie betrifft vorrangig solche Rollen wie die des Politikers. Deshalb wirkt es auch so überzeugend, wenn Hitler schreibt, er habe »beschlossen«, Politiker zu werden. Solche »Freiheit des Christenmenschen« gibt zu denken.

Im folgenden soll nun der soziokulturelle Wandel anhand der empirischen Befunde des sozialwissenschaftlichen Forschungsprojekts *Arbeitsorientierungen von Jugendlichen* mit Hilfe solcher kulturellen Strukturbegriffe diskutiert werden. Dabei wird wegen des notwendigen Vergleichs immer wieder auf die Grundprinzipien und Merkmale des alten kulturellen Modells zurückzukommen sein. Die gegebene Skizze der Strukturbegriffe der protestantischen Ethik wird durch den Versuch, das neue kulturelle Modell zu verstehen, ergänzt werden.

3. Veränderungen der menschlichen Kommunikation

Die Forschergruppe des Projekts *Arbeitsorientierungen von Jugendlichen* hatte keineswegs vermutet, daß sie auf Merkmale eines soziokulturellen Wandels stoßen würde, im Gegenteil. Sie wußte von der Verlängerung der Adoleszenz und der Postadoleszenz, aber sie nahm an, daß sich in der tertiären Sozialisation die Strukturen dessen durchsetzen würden, was wir heute das alte kulturelle Modell nennen. Als wir dann wider Erwarten auf Anzeichen eines soziokulturellen Wandels stießen, war das erste eindeutig benennbare neue Merkmal eine veränderte Kommunikationsstruktur. Heute bin ich davon überzeugt, daß die neue Kultur eine kommunikative Kultur sein wird – keineswegs, weil Kommunikation leichter geworden ist; sie ist sogar viel schwieriger geworden, zugleich aber liegt ihr ein viel dringenderes Bedürfnis zugrunde, und sie hat neue Inhalte und Formen.

3.1 Kommunikation über alles

Die kommunikative Grundhaltung kann jedermann leicht testen, indem er Eltern von Jugendlichen im Alter von 16 bis 25 Jahren fragt, wie sie es damals gemacht haben, als sie so jung wie ihre Kinder heute waren und sich abends mit ihren gleichaltrigen Freunden treffen wollten. Zunächst werden die Eltern mit Unverständnis reagieren, denn die Frage zielt auf etwas für sie durchaus Selbstverständliches, dessen Veränderung sich erst im Vergleich enthüllt. Sie werden antworten, daß sie sich meist problemlos und schnell auf eine Uhrzeit und einen Ort geeinigt haben und sich abends zur verabredeten Zeit am verabredeten Ort getroffen haben.

Wenn wir als zweites danach fragen, wie sich ihre Kinder für ihre Treffen am Abend verabreden, dann werden die Eltern den Sinn der ersten Frage verstehen und – entweder mit einem Lächeln oder gar mit Ärger über ihre Kinder reagierend – den komplizierten Vorgang einer solchen Verabredung schildern. Statt der einfachen Verabredung und ihrem Einhalten findet ein intensiver kommunikativer Prozeß mit vielen Ungewißheiten statt: Irgendwann am Nachmittag beginnt in der Freundesclique ein Prozeß des Telefonierens, der Vermutungen, des andere Aufsuchens, der Verhandlungen, kurz der Kommunikation, der meist erst nach Stunden, sagen wir um 21 Uhr, damit endet, daß die Gruppe sich irgendwo trifft. Aber oft fehlt dann noch ein Mitglied der Gruppe, das erst noch mit dem Auto geholt werden muß; dabei wird noch ein Umweg gemacht, um jemand anderem eine Nachricht zu hinterlassen, und so weiter. Kommunikation, die früher eher problemlose Verständigung war, ist mühsam geworden, macht aber Spaß, wenn sie doch klappt.

Im folgenden will ich an einem Fallbeispiel die neuen Kommunikationsstrukturen beschreiben; es handelt sich um das Interview mit Kurt, das schon in *Nicht so wie unsere Eltern!* interpretiert wurde (Zoll u. a. 1989) und das als prototypisch für viele Merkmale des neuen kulturellen Modells gelten kann; es wird uns daher durch diesen Essay begleiten.

Kurt ist zum Zeitpunkt des Interviews 22 Jahre alt, er ist Halbwaise, Einzelkind und lebt bei seiner Mutter in einer Kleinstadt in der Nähe von Hamburg. Nach dem Abschluß der Hauptschule begann er eine Ausbildung als Elektroinstallateur, die er aber nach zwei Jahren abbrach, weil er »private Schwierigkeiten mit dem Chef« hatte. Diese natürlich gar nicht »privaten Schwierigkeiten« äußerten sich in »kaputten« Knien, Rückenschmerzen und Atembeschwerden. Nach drei Monaten Arbeitslosigkeit macht er zum Zeitpunkt des Interviews durch Vermittlung des Arbeitsamtes eine Ausbildung als Bürokaufmann; es handelt sich um eine Arbeitsbeschaffungsmaßnahme.

In vielen Passagen des Interviews artikuliert Kurt ein starkes Bedürfnis nach Kommunikation, das auch in anderen Interviews mit Jugendlichen als so grundlegend erschien, daß wir es kommunikative Grundhaltung genannt haben. Bei Kurt ist sie besonders ausgeprägt:

> »Aber was mir halt immer wichtig ist, das ist der Kontakt zu den Leuten. Also mit denen zu reden, mit denen zu spielen, mit denen also irgendwas zu machen, um die ganz genau kennenzulernen. Das ist für mich wirklich wichtig, weil ich dann weiß, dem kann ich was erzählen und die können mir was erzählen und so, daß eine totale Vertrauensbasis da ist.«

Weil Beziehungen so schwierig geworden sind, weil Vertrauen nicht von vornherein gegeben ist, muß durch Kommunikation zunächst eine »totale Vertrauensbasis« geschaffen werden, damit dann wirklich, also verständigungsorientiert kommuniziert werden kann. »Total« muß die Vertrauensbasis sein, weil sie zunächst überhaupt nicht vorhanden ist. Wenn Individuen eine gemeinsame Lebenswelt und gemeinsame Normalitätsvorstellungen besitzen, dann sind sie bereit, dem anderen einen Vertrauensvorschuß zu geben. Soziale Kontakte und Beziehungen bauen auf einem solchen Vertrauensvorschuß auf und finden in den Normen der Normalität ein Gerüst, um das herum sie sich entwickeln können. Für Menschen wie Kurt fehlen offenbar solche Grundlagen und Gerüste, sie müssen den anderen erst »ganz genau kennenlernen«, um dann in der Wechselseitigkeit des Kommunizierens – »dem kann ich was erzählen und die können mir was erzählen« – die Vertrauensbasis, die in einer traditionellen Lebenswelt immer schon gegeben ist, aufzubauen und damit auch Beziehungen herzustellen.

Kurt empfindet es als natürlich, daß er Vertrauen suchen muß, daß es nicht axiomatisch gegeben ist; er hinterfragt nicht, warum das so ist. In dem Wunsch, den anderen »genau kennenzulernen«, steckt kein Herrschaftsbedürfnis – das schließt unter anderem der Wunsch, »mit denen zu spielen«, aus –, sondern die Suche nach Aufhebung der Vereinzelung. Die kommunikative Grundhaltung muß, um richtig verstanden zu werden, immer auf dem Hintergrund der Vereinzelung, dem von Ulrich Beck (1986) analysierten Individualisierungsschub, gesehen werden, der einhergeht mit dem Zerfall traditioneller Identitätsmuster: Die Krise der Normalität geht über die äußere Problematik (Arbeitsmarktlage) hinaus, sie ruft auch eine innere hervor. Kommunikation, die zuvor gewissermaßen naturwüchsig soziale Beziehungen organisierte, hat diese Funktion keineswegs verloren, nur ihre Naturwüchsigkeit. Außerdem ist die Soziabilität inzwischen so diffizil geworden, mit so vielen Schwierigkeiten verbunden, daß die Kommunikation bewußter und damit für das Individuum grundlegender geworden ist.

In den Formulierungen »wirklich wichtig« und »eine totale Vertrauensbasis« enthüllt sich die Dramatik, die die Situation für Kurt auf der affektiven Ebene hat: Hinter seinem Kommunikationsbedürfnis steht das Fehlen menschlicher Nähe, das Fehlen von gegenseitigem Vertrauen, das intensive menschliche Beziehungen erst möglich macht. Offenbar mangelt es Kurt und den Menschen, mit denen er zusammenlebt, an jener sozialen Kompetenz, die sich unter anderem in der Fähigkeit zeigt, Vertrauen zu schenken und Vertrauen entgegenzunehmen. Diese Fähigkeit ist kontextgebunden, und zum Kontext gehört vorrangig die jeweilige Lebenswelt.

Kurt spürt, daß vielen seiner Beziehungen etwas fehlt, was er versucht, über Kommunikation zu gewinnen. Deshalb hat Kommunikation für Kurt eine alles überragende Bedeutung. Sie ist wichtiger als seine Arbeit (»das bringt mich nicht unbedingt in meiner Arbeit weiter«), wichtiger als die Lebenserfahrungen seiner Mutter, die sie in Gebote umsetzt, weil er durch Kommunikation seine eigenen Erfahrungen machen will, Erfahrungen, die damit von vornherein einen vor allem verbalen Charakter haben.

»Wir sitzen auch ganz gerne in Cafés, das ist also eine Vorliebe von uns. Wir sitzen irgendwo, zum Beispiel im Mauercafé, klönen wir, und weil halt die Atmosphäre gut ist, die Leute sind nett, und man kann viel machen.

Frage: Und was sind das so – worüber klönt ihr da?

Antwort: Ja, das geht erstmal um die Probleme, die man so im Alltag hat. Das heißt auch, über'n Betrieb, was da schief gelaufen ist, was man falsch gemacht hat, wer wen anschwärzt oder so. Ja, und worüber unterhalten wir uns noch? Ach, eigentlich über Gott und die Welt, wirklich. Das letzte Mal hab ich vier Stunden nur über Gott geklönt und also, also das ist manchmal, das macht einfach Spaß, dazusitzen und sich halt auseinanderzusetzen.«

Kurt erwähnt im Interview mehrfach die Suche nach den geeigneten Räumen für Kommunikation. Das Mauercafé ist in Hamburg, also recht weit entfernt und deshalb nur in Ausnahmefällen ein möglicher Raum. »Viel« können die Besucher in dem Café außer »Klönen und Spielen« (Schachspielen) nicht machen, aber es handelt sich genau um die Tätigkeiten, die Kurt viel bedeuten. Die Inhalte der Kommunikation erscheinen sekundär gegenüber der Kommunikation an sich, aber auch sie sind für das Verständnis des Zusammenhangs zwischen kommunikativer Grundhaltung und neuem kulturellen Modell bedeutsam: An erster Stelle steht der Alltag, zu dem »auch« die Lohnarbeit gehört. Damit ist schon klar, daß die Lohnarbeit nicht mehr im Zentrum des Lebens steht, sondern nur eine Lebenssphäre neben anderen ist. Die Kommunikation über die Lohnarbeit bezieht sich auf ihre Schwierigkeiten, auf die eigenen Fehler und auf die Konkurrenz der Beschäftigten untereinander. Diese Konkurrenz wird als negativ beurteilt; sie läuft offenbar dem der Kommunikation immanenten Ideal des Ausgleichs, des diskursiv hergestellten Konsenses zuwider. Die kommunikative Vergewisserung schließt alle Inhalte ein, das Treffen am Abend wie die Lohnarbeit, die Konkurrenz am Arbeitsplatz wie den Glauben an Gott. Darin wird einerseits eine große Ernsthaftigkeit der Kommunikation, des »Sich-halt-Auseinandersetzens« deutlich, andererseits handelt es sich um »Klönen«, was eine partielle Leugnung von Bedeutung, also ein spielerisches Moment enthält. Wahrscheinlich bedingt diese Form verbaler Kommunikation sogar eine partielle Leugnung von Bedeutung angesichts der notwendigen Unterschiedlichkeit der an der Kommunikation Beteiligten, auf die das »Sich-Auseinandersetzen« hinweist.

Die Alternative wäre die gewalttätige Auseinandersetzung, die eindeutig abgelehnt wird. Partielle Leugnung von Bedeutung ist ein zivilisatorisches Element, das Kommunikation im emphatischen Sinn immer enthält, das aber hier in einer neuen Form als lebensweltliche Haltung durch Kurt (und wahrscheinlich seine Generation) verwirklicht wird. Die partielle Leugnung der Bedeutung des Gesagten ist auch notwendig, weil die existentielle kognitive wie affektive Unsicherheit des Individuums in einer Situation des kulturellen Umbruchs eine Strategie des Suchens, »Ausprobierens«, also der kommunikativen Vergewisserung, geradezu erfordert. Soziabilität baut notwendig auf Kommunikation auf. Was sich im Interview mit Kurt und anderen Jugendlichen abzeichnet, ist eine neue Form der Soziabilität – neu, weil sie nicht wie selbstverständlich auf einem lebensweltlichen Bestand an Kommunikationsformen aufbaut, sondern sich diese Formen erst erarbeiten muß. Die Verbindung zwischen Soziabilität und verbaler Kommunikation zeigt sich im Interview mit Kurt auch darin, daß Kommunikation für ihn einen ausgesprochen geselligen, ja konvivialen Charakter hat. Gewiß ist ein Brunch nichts Besonderes, aber die Art, wie Kurt sich für einen Brunch begeistert, den ein Freund für ihn organisierte, ist ein Beleg für die Suche nach einer neuen Mikrosoziabilität:

»Ja, wir haben jetzt zum Beispiel, ich weiß nicht, was ich dazu sagen soll, einen Brunch gemacht. Und also, das war für mich das erste Mal, und ich fand das ganz toll, ganz ehrlich, weil, wir haben geredet und gegessen und wieder geredet und gegessen, dann Kaffee getrunken und alles mögliche und das von 9 bis 1 Uhr. Ganz toll...«

Die Begeisterung betrifft offensichtlich die Konvivialität der Kommunikation, betrifft auch die Zeit und den Raum, das heißt den Frei-Raum und zugleich die Frei-Zeit für Kommunikation, den der Freund durch die Veranstaltung »Brunch« hergestellt hat. Diese konviviale Kommunikation kann sich nur in bestimmten Räumen und in bestimmten Zeiten entfalten, die nicht gegeben sind, sondern erst geschaffen werden müssen. Bei diesem Beispiel einer selbstgeschaffenen Frei-Zeit für Kommunikation muß zugleich auf die Beschränktheit des sozialen Rahmens hingewiesen werden, es handelt sich »nur« um einen Mikrobereich sozialer Bindungen.

Kurt gibt in einem anderen Zusammenhang ein weiteres Beispiel für die Notwendigkeit von Frei-Räumen und Frei-Zeiten für Kommunikation, in dem dieser Mikrobereich überschritten wird – allerdings mit der Unterstützung einer großen gesellschaftlichen Institution:

»Wir hatten früher eine herrliche Einrichtung. Und zwar hab' ich mit zwei anderen Mädchen und noch einem Jungen eine Teestube geleitet. Und zwar wurde uns der Raum von der christlichen Kirche gestellt im Gemeindezentrum. Es war zwar ein Jugendhaus da, aber mit denen wollten wir nichts zu tun haben, weil das auch meistens Schränke waren und ziemlich angriffslustig. Da hatten wir keine Lust zu. Dann haben wir diese Teestube eröffnet und also das war ganz toll. Da schwärmen heute noch die Leute von, daß wir die bloß wieder aufmachen sollen. Aber da konnte erstens herkommen, wer wollte. Meistens war aber 'ne Stammannschaft da, halt Leute, die jeden Freitag kamen, haben Tee getrunken und geklönt. Ja, und welche haben Schularbeiten gemacht, man hat sich gegenseitig geholfen. Man hat zusammen Kuchen gebacken.«

Hier wird deutlich, daß die Mikrosoziabilität, für die Kurt anläßlich des Brunches seines Freundes eine so große Begeisterung zeigt, durchaus auch der Erweiterung fähig ist, obwohl bei dem Vergleich der Interviews eher eine Konzentration der Soziabilität auf den Mikrobereich wahrscheinlich erscheint. Doch wem fällt bei dieser Interviewpassage nicht das »Kirchentags-Phänomen« in der Bundesrepublik ein! Unter bestimmten Bedingungen – hier der Unterstützung durch eine gesellschaftliche Großorganisation – scheint auf der Grundlage des neuen kulturellen Modells die Erweiterung der Mikrosoziabilität möglich. Die evangelische Kirche hat, obwohl als Institution von Kurt (und wahrscheinlich von vielen anderen jugendlichen Kirchentagsteilnehmern) abgelehnt, Frei-Räume und Frei-Zeiten zur Verfügung gestellt und damit in einer für sie nicht uncharakteristischen Selbstverleugnung Offenheit gegenüber den neuen sozialen Bewegungen gezeigt. Hier wie auch in den kirchlich geförderten Arbeitsloseninitiativen wird ein bemerkenswerter Unterschied zur traditionellen (und traditionalistischen) Arbeiterbewegung deutlich.

Offenheit ist eine Eigenschaft, die Kurt schätzt und die ein Teil der neuen kommunikativen Kultur ist (»da konnte herkommen, wer wollte«). Nicht-Aggressivität ist eine andere wichtige Eigenschaft (die »Angriffslustigkeit« der

»Schränke«, wozu Kurt »keine Lust« hat). Eine dritte ist die Wechselseitigkeit von Hilfe (»man hat sich gegenseitig geholfen«), die Kurt auch als die wichtigste Erfahrung seiner Tätigkeit bei »Release«, einer Selbsthilfeorganisation für Süchtige, hervorhebt. In dieser Wechselseitigkeit scheint so etwas wie eine Transzendenz des Tauschprinzips auf. Eine so sehr auf Verständigung angelegte Kommunikation, wie sie Kurt anstrebt, beinhaltet in der Tat als ihre immanente Möglichkeit die Idee von Solidarität, also eines sozialen Austausches, der nicht auf Gleichwertigkeit des Getauschten und auf strikter Gegenseitigkeit beruht. Diese Entwicklungsperspektive der kommunikativen Kultur wird von Kurt selbst thematisiert:

»Als ich viel Zeit hatte, da hab' ich auch viel mehr nachgedacht. Da hab' ich darüber nachgedacht, da hab' ich mich auch viel mehr mit Politik beschäftigt, hab' ich mich viel mehr mit Umweltproblemen beschäftigt, in der Friedensorganisation war ich drin und alles mögliche. Und die Leute reden einfach zu wenig miteinander und deswegen sind auch die Konflikte da. Ich finde, man könnte viel Streit oder viel Konflikte, Aggressionen damit abbauen, daß die Menschen mehr miteinander reden, mehr kommunizieren.«

Die bisherige Darstellung war einseitig, denn in der kommunikativen Grundhaltung der von uns interviewten Jugendlichen steckt eine tiefe Ambivalenz, auf die nun eingegangen werden soll:

»Und mein Chef ist auch von daher ganz in Ordnung. Also wir verstehen uns ganz gut, und das läuft auch sonst alles ganz gut im Betrieb, und von daher möchte ich da auch ganz gerne bleiben. Und mich gegen aufzulehnen oder halt zu sagen, das hab ich schon mal versucht, also, daß ich gesagt habe, daß ich gesagt habe, wie ist das und so, ich hab noch nie in der Buchhaltung gearbeitet. Und da meinte er, ja, gut, das kommt nach einem Jahr dran. Jetzt ist'n Jahr vergangen, ich war immer noch nicht in der Buchhaltung.«

Unter den Bedingungen guter Kommunikation ist für Kurt offenbar eine Auflehnung nicht möglich. Hauptsache, die Kommunikation mit dem »Chef« klappt, alles andere ist zweitrangig. Die Vertretung von Lohnarbeiterinteressen wird unter diesen Bedingungen außerordentlich erschwert, ja, sie werden zum Teil einfach nicht wahrgenommen. Der Gedanke der Auflehnung veranlaßt den sonst so beredten Kurt zum Stottern, er resigniert, paßt sich an. Kurts Ideal ist das einer kommunikativen Bewältigung des Notwendigen, zum Beispiel auch der Lohnarbeit zur Existenzsicherung. Dabei übersieht er in schlichter Naivität die gesellschaftlichen Herrschaftsverhältnisse, die mit der Lohnarbeit immer verbunden sind. Er ignoriert den Interessengegensatz von Kapital und Arbeit. Das wird besonders deutlich in seiner Idealisierung der korporativistischen Betriebsführung eines japanischen Unternehmens in einem westdeutschen Zweigbetrieb.

»Die treffen sich morgens erst alle und dann wird so erzählt, wer krank ist, okay, das läuft alles in bestimmtem Rahmen ab und alles irgendwo diszipliniert, aber irgendwo ist der Kontakt da. Und die haben also auch die Erfahrung gemacht, daß die Leute viel besser arbeiten, daß die zufriedener nach Hause gehen, daß die mehr leisten. Die haben da zum Beispiel eine betriebseigene Schwimmhalle gleich mitgebaut mit der Halle.«

Hier feiert die *human-relations*-Bewegung fröhliche Urständ. Ein Medienbericht dient Kurt zur Explizierung seines Ideal-Bildes von Lohnarbeit. Die Arbeit selbst beurteilt er vor allem unter dem Gesichtspunkt, ob sie seinen kommunikativen Ansprüchen entspricht. Lohnarbeit als Herrschaftsverhältnis kommt erst in den Blick, wenn die Kommunikation nicht klappt. Das kommunikative Leitbild beinhaltet immer zugleich Kritik an der Konkurrenz der Lohnarbeiter untereinander (»mehr ein Gegeneinander statt ein Miteinander«), aber die Kommunikation verdeckt die allgemeine Konkurrenz (»die machen mit dem Chef zusammen da den Frühsport«). Wenn allerdings die Kommunikation nicht klappt, dann wird sogar die Funktion des Chefs der Kritik unterworfen:

»Deswegen verurteil' ich das sogar irgendwo, daß da so ein Chef ist, den man respektieren muß, dem man nichts zu sagen hat, der Recht hat und der absolut unantastbar ist.«

Der »Chef« soll also eigentlich keiner sein, soll ein »Chef zum Anfassen«, mehr der Erste unter Gleichen sein, als wirklich Herrschaft auszuüben. Aus dieser Stelle die Utopie der Selbstverwaltung als eine Vorstellung Kurts herzuleiten, wäre wahrscheinlich zu weit gegriffen. Immerhin scheint sie hier auf, an anderer Stelle äußert er sie explizit:

»So ein Job in einer kooperativen Arbeitsgemeinschaft, wo keiner richtig der Chef ist, sondern wo jeder auf den anderen hört und wer die besten Ideen hat, das wird gemacht und abgestimmt.«

Erst die Extremisierung der in der kommunikativen Grundhaltung angelegten Ideen führt zum Wiederfinden der alten sozialistischen Utopie; die kommunikative Grundhaltung selbst ist erst einmal fungibel für die neue kapitalistische Betriebsführung, wie sie sich durch den Einsatz der neuen Technologien und den Einfluß des Erfolgs japanischen Managements als Kombination von Logistik und *human relations* herausbildet.

Die kommunikative Grundhaltung Kurts ist jedoch noch in einem tieferen Sinne ambivalent.

»Und ich bin auch der Meinung, daß Hitler nichts ohne Goebbels geworden wär', weil der Goebbels halt unheimlich reden konnte. Also wenn man das heute so sieht im Fernsehen oder so, das ist wirklich, der, man braucht nicht zu hören, was der sagt, sondern man braucht nur seine Stimme zu hören, und wie er das ausdrückt, und das reißt einen mit, finde ich. Er hat also 'ne unheimliche Ausdruckskraft gehabt, dieser Mann, und ich glaube, ohne den wär das alles nicht möglich gewesen. Der hat also ja wirklich Massen da... na ja, auf jeden Fall war es so, wenn der gesprochen hat und 'ne Pause gemacht hat, dann konnte man in einem Saal, wo 100000 Menschen waren, wirklich eine Stecknadel fallen hören und... Ich fand das echt toll, wie der reden konnte. Andererseits muß ich das natürlich verurteilen, was da passiert ist. Und ich kann es mir nicht mehr vorstellen, daß so ein Rassenhaß oder so, daß das irgendwann noch mal wieder passiert.«

Schon in vorangegangenen Passagen des Interviews war aufgefallen, daß Kurt zum Teil auf die kommunikativen Vorgaben des Interviewers oder seiner Freundin nicht eingeht, daß die Kommunikation auf der metakommunikativen Ebene eigentümlich reduziert ist. Sobald Kurt in Form eines thematischen Anreizes ein Stichwort erhält, schießt er los, ist fasziniert von der eigenen Rede. Diese Faszination durch rhetorische Performanz muß für ihn naturgemäß auch von der Goebbelsschen Rhetorik ausgehen. Es liegt also eine Hypostasierung des verbalen Aspekts von Kommunikation vor, die auf Schwächen in der affektiven Kommunikation auf der Metaebene verweist. Daß Goebbels durch die rhetorische Performanz Beziehungen herstellt (»das reißt einen mit, finde ich«), auch zu Kurt selbst herstellt, wird von diesem nicht reflektiert, nur bewundert. Gerade weil es schwierig geworden ist, soziale Beziehungen einfach nur zu haben, sie vielmehr erst durch Kommunikation hergestellt werden müssen, erhält diese Möglichkeit eine überragende Bedeutung. Deshalb gerät Kurt die Bewunderung der Goebbelsschen Rhetorik zu einer Entschuldigung für die Massen, die sich mitreißen ließen, letztlich zu einer Entschuldigung für den Nationalsozialismus.

»Man braucht nicht zu hören, was der sagt«, das heißt, Kurt hat sehr wohl den Inhalt der Rede gehört, aber er will ihn nicht hören, sondern ist bereit und vielleicht sogar begierig, sich mitreißen zu lassen, weil hier jemand Beziehung über Rede herstellt – nur stört der historische Inhalt und Kontext der Rede. Die »100000 Menschen im Saal« sind zunächst nur eine rhetorische Übertreibung, aber so still, wie diese Menschen geschildert werden, sind nur Tote oder Gelähmte – durch Goebbels' Rede gelähmt wie ein Kaninchen vom Blick der Schlange. Die Möglichkeit, Beziehung über verbale Kommunikation herzustellen, zwingt Kurt zur Bewunderung, aber nur die radikale Trennung von Form und Inhalt der Goebbelsschen Rede macht ihm die Bewunderung möglich. Zwar beinhaltet die kommunikative Logik für Kurt, daß man dem anderen »zuhören können« muß, aber in dem Zuhören-Können liegt auch das Problem: In der Alltagskommunikation erhält der Inhalt seine eigentliche Bedeutung erst durch die metakommunikative Konnotierung. Die Schwierigkeiten Kurts liegen eindeutig auf der Beziehungsebene, ihre tieferen Ursachen in der narzißtischen Struktur, die sich auch in der Faszination von der eigenen Rede und dem Nichteingehen auf die Metakommunikation der Gesprächspartner zeigt. Kurt bezieht die Kommunikation immer vorrangig auf sich selbst, was affektiv auf ein Nehmenwollen und Nichtgebenkönnen verweist. Der Narzißmus erweist sich als kommunikative Hemmschwelle in bezug auf Beziehungen, die oral, verbal, kompensiert wird.

Der Narzißmus zeigt sich bei Kurt als Drang, etwas für sich, aber durchaus in Beziehung mit anderen zu tun. Es fehlt ihm die dem Altruismus zugrundeliegende Abstraktion von sich selbst. Die bisher dargestellten Seiten der kommunikativen Grundhaltung von Kurt legen nahe, den Narzißmus als einen neuen Egotismus zu interpretieren. Für Kurt ist alles begründungspflichtig, das Chef-Sein, die Erziehungshaltung gegenüber den (möglichen) eigenen Kindern, das Konkurrenzverhalten im Betrieb, die neue Religiosität, ja Gott selbst. Der Narzißmus wird auch in der neuen Religiosität deutlich, die eine Angelegenheit ist, die Kurt »mit sich selber« ausmachen muß, die Gott im Menschen sucht.

Der Narzißmus/Egotismus ist bei Kurt ein kollektives Element seiner subjektiven Verarbeitungsstrukturen. Seine extreme Ausprägung läßt die Entwicklungsmöglichkeiten ahnen, die in ihm angelegt sind. Der Narzißmus ist nicht eigentlich Selbstliebe, aber vielleicht ist er ein Übergangsstadium zur Selbstliebe, die ja, wie Erich Fromm in seinem meistgelesenen Buch schrieb, die Voraussetzung wirklicher Liebe ist (Fromm 1980).

Das Bedürfnis nach Räumen und Zeiten für Kommunikation ist in der kommunikativen Grundhaltung immer schon implizit enthalten. Es wurde von den interviewten Jugendlichen je nach dem Grad seiner Befriedigung artikuliert. Was die Räume angeht, könnte gemeint werden, dieses Problem sei durch die größere Permissivität der Eltern (»Ihr könnt ruhig zu uns kommen«) schon gelöst. Das ist aber nur ansatzweise und für eine Minderheit der Fall, denn erstens ist der Freundeskreis – die *peer-group* – meist zu groß für die bei den Eltern zur Verfügung stehenden Räume, und zweitens suchen die Jugendlichen Räume, die von denen der Eltern getrennt sind, denn es geht um eine eigene Lebenswelt. Die Lebenswelt der Eltern ist für sie kein vertrauter Kontext, ja sie wird sogar mehr oder minder explizit abgelehnt.

Die Suche nach »eigenen« Räumen führt in einem bestimmten Alter zur Frequentierung von Jugendzentren, sogenannten Freizeitheimen und später dann von Diskotheken und ähnlichen Lokalen. Sie zeigt sich aber auch in dem schon erwähnten Kirchentagsphänomen; das heißt, die Jugendlichen nehmen im kleinen wie im großen gern die offenen, unverbindlichen Raumangebote wahr, die ihnen die evangelische Kirche in der Bundesrepublik macht. Bemerkenswert scheint mir, daß diese Raumangebote ohne direkte Beeinflussungsversuche gemacht wurden; es gab keine Versuche, sie etwa mit Bibelstunden zu koppeln; das war wohl eine entscheidende Voraussetzung für ihren großen Erfolg.

Diese Raumangebote sind immer zugleich Zeitangebote, die aber am ehesten von Jugendlichen wahrgenommen werden können. Nicht nur, daß sie im allgemeinen mehr freie Zeit haben als die Älteren, sie nehmen sich auch Zeit durch Umstrukturierungen ihrer Tageszeiten und Lebenszeiten überhaupt. Diese Freiheit im Umgang mit Zeit läßt sich schwerlich unter den Bedingungen »normaler« Lohnarbeit (im bisherigen Sinn) und dem Eingebundensein in eine Familie durchhalten. Welche Antwort die Jugendlichen auf diese Frage finden werden, läßt sich wahrscheinlich erst in einem Jahrzehnt sagen. Auf jeden Fall besteht bei ihnen ein großer Bedarf an frei verfügbarer Zeit, was einen Begründungszusammenhang für eine konsequente gewerkschaftliche Politik der Arbeitszeitverkürzung liefern könnte.

Die Arbeitgeber versuchen, diese Bedürfnisse aufzugreifen und mit ihren eigenen Interessen zu verbinden, indem sie sich massiv für die Flexibilisierung der Arbeitszeiten einsetzen. Das mag zwar bestimmten Bedürfnissen durchaus entgegenkommen, löst aber nicht das Problem der wirklich disponiblen Zeit, denn durch Flexibilisierung wird die frei verfügbare Zeit nicht größer.

Überhaupt scheint die Kapitalseite die kulturellen Veränderungen früher begriffen zu haben als andere Institutionen, denn es ist doch bemerkenswert, mit welcher Energie neue Managementstrategien eingeführt werden, als deren gemeinsamer Nenner Kommunikationsangebote an die Belegschaften angesehen werden können. Wie ernsthaft und verständnisorientiert diese Kommunikationsangebote sind, kann in diesem Zusammenhang nicht geprüft werden, aber der Tatbestand selbst ist kaum zu leugnen: Konsensus-Management und Qualitätszirkel, aber auch bestimmte Formen der betrieblichen Weiterbildung und der Bemühungen um eine Unternehmenskultur sind Teil dieser Strategien. Wenn auch der Unternehmenszweck und die wichtigsten Elemente der Betriebsführung in den Kommunikationsangeboten nicht zur Diskussion stehen, so wird doch versucht, die Zustimmung der Lohnabhängigen zur Unternehmenspolitik im kleinen und zuweilen auch im großen über Kommunikationsstrategien zu erreichen. Auf gewisse Weise ist der Erfolg dieser Strategien auch im Interview mit Kurt festzustellen.

Wie aber gehen die Jugendlichen miteinander um? Haben die Kommunikationsstrukturen Einfluß auf ihre Verkehrsformen untereinander? Beruht der Wunsch Kurts, den Kommunikationspartner »ganz genau kennenzulernen«, auf einem Bedürfnis nach Verständigung und wäre somit eine Grundlage für ein solidarisches Umgehen miteinander, oder ist er nur verursacht durch Kurts Unsicherheit und eine durch sie begründete Unfähigkeit, sich auf den jeweils anderen einzustellen, also durch seine narzißtische Ichbezogenheit? Mir scheinen beide Tendenzen, nicht nur bei Kurt, präsent zu sein. Kurts metakommunikative Schwäche verweist zum einen auf eine solche innere Unsicherheit und Ich-Befangenheit, zum anderen aber auch auf eine kulturelle Entwertung der analogen Kommunikationsebene. Wahrscheinlich ist es die Visualisierung der Kultur, vor allem durch das Fernsehen, die die sehr regional gebundenen analogen Kommunikationstraditionen – Körpersprachen und ähnliches – entwertet; sie stehen nicht mehr unhinterfragt zur Verfügung, was auch auf dieser Ebene für das Individuum Verunsicherung bedeutet.

Gäbe es nur diese Tendenz, dann entstünde eine Welt von isolierten Individuen, die monadenhaft, in ihre Kokons eingesponnen, nebeneinanderher leben würden. Doch davon kann keine Rede sein. Es gibt eine starke Gegentendenz, ein starkes Bedürfnis nach wirklicher Verständigung, nach »genauem Kennenlernen des anderen«, um mit ihm kommunizieren zu können. Aber die Existenz beider Tendenzen ist nicht zu leugnen, sie ist wohl der tiefere Grund für die Ambivalenz der kommunikativen Grundhaltung, die wir bei Kurt festgestellt haben und die von anderen Interpretationen bestätigt wird.

Die verständigungsorientierte Gegentendenz müßte in dem Verlangen, den anderen »ganz genau kennenzulernen«, Empathie, also den Wunsch und die Fähigkeit, sich in den anderen einzufühlen, verbinden mit der Anerkennung des anderen als anderem, mit seiner Respektierung. Gerade hierfür liefert nun unsere Untersuchung erstaunliche Beispiele; erstaunlich, weil sich hier ein deutlicher Unterschied zum alten kulturellen Modell zeigt, in dem zum Beispiel die Diskussionspraxis meist nicht gerade von der Respektierung des anderen zeugte. Sie findet sich bei Kurt in der zitierten Wendung »und die können mir was erzählen«, also der Gegenseitigkeit der Kommunikation. Aber auch für die offenbar schwierigere Empathie gibt es zumindest Belege; Kurt sagt etwa: »Wo ich auch so richtig mitgefühlt habe, daß halt die Menschen wirklich nicht auf den anderen achten, daß sie ja achtlos an jemandem vorbeigehen.« Hier wird Empathie, das »richtig Mitfühlen«, in der Tat verbunden mit Respektierung, mit »auf den anderen achten«. So werden mögliche Grundlagen für einen solidarischen Umgang miteinander sichtbar, der die für die Individuen in dieser Übergangsphase vielleicht notwendige Ich-Bezogenheit überschreiten könnte.

Offenbar müßte in einem Prozeß der Auseinandersetzung mit sich selbst und der »Welt«, also dem jeweiligen Kontext des Individuums, genau eine solche Transzendierung der egotistischen Verstricktheit des Individuums in die eigenen Probleme stattfinden. Nun können wir gerade bei Kurt einen solchen Prozeß beobachten, von dem nur zu hoffen ist, daß er allgemeiner verbreitet ist. Dafür sprechen jedenfalls Anzeichen der Existenz von Solidarität im Alltag, auf die ich später in den Reflexionen über eine neue Ethik zurückkommen will.

Kurt thematisiert mehrfach Situationen des ohnmächtigen Ausgeschlossenseins und der erzwungenen Passivität; er erlebt sich selbst als autoaggressiv und reflektiert diese gegen sich selbst gewendeten Aggressionen, aber er macht auch Erfahrungen, die ihm helfen, über diese Situation hinauszugelangen:

»Wo ich auch so richtig mitgefühlt habe, daß halt die Menschen wirklich nicht auf den anderen achten, daß sie ja achtlos an jemandem vorbeigehen. Das ist genauso, wenn man jemanden auf der Straße trifft, ich, mir ist das auch schon passiert, der wurde verprügelt von zwei Leuten, wurde festgehalten und verprügelt. Ich habe mich nicht getraut dazwischenzugehen. Da war ich irgendwo feige. Da hab' ich gesagt, wenn du dazwischengehst, dann kriegst du auch noch einen auf die Schnauze, und also ich finde, da sollte man so ehrlich zu sich selbst sein und sagen, ich kann auch mal in die Situation kommen, und dann brauch ich auch die Hilfe von irgend jemandem. Und da sollte man denn doch dazwischengehen. Und wenn man halt einen abkriegt, mein Gott, dann braucht man sich aber nicht vorzuwerfen, daß man es nicht getan hat. Aber das hab ich seitdem auch nicht wieder getan. Da haben sie letzt auch einen verprügelt, da bin ich dann auch gleich hingegangen, wollte auch einen Krankenwagen rufen, ist dann auch, ist aber schon gekommen, hat schon jemand gemacht.«

Durch das Sprechen über seine Probleme, die Erfahrung der wechselseitigen Hilfe, die Erfahrung des Nicht-Alleinseins in der Not – »weil es einem selber unheimlich schlecht ging, und da waren auch Leute, denen es unheimlich schlecht ging« – und ihrer wenigstens ansatzweisen Überwindung in alltäglicher Solidarität findet Kurt einen Weg aus der Passivität. Während er früher an dem Geprügelten aufgrund seiner eigenen Ohnmacht und Beziehungsschwäche »vorbeigehen mußte«, was aber schon damals für ihn »echt hart« war, gelingt es ihm jetzt, nicht nur »richtig mitzufühlen«, sondern »auch gleich hinzugehen«. Für Kurt ist eine Voraussetzung für sein solidarisches Handeln die Kommunikation, zu lernen, »miteinander zu reden«.

Eine weitere Voraussetzung ist die bemerkenswerte Offenheit – auch sich selbst gegenüber – und Selbstreflexionsfähigkeit, die ihm die kommunikativen Erfahrungen in einem Selbstbearbeitungsprozeß zugänglich macht. In der Zeit zwischen der ersten geschilderten Szene und der zweiten, zwischen Ohnmacht und der Fähigkeit zur Solidarität, hat sich Kurts Verhältnis zu sich selbst und damit auch zu anderen verändert.

3.2 Die Kommunikationskategorie Vertrauen

Kurts Verlangen nach einer »totalen Vertrauensbasis« verweist auf eine so »totale« Verunsicherung, daß ich hier den Ansatzpunkt für eine weitergehende Interpretation sehe. Aus der Tiefenpsychologie ist bekannt, daß der Mensch in der allerfrühesten Interaktion mit seiner Mutter im allgemeinen ein Verhältnis zu seiner Umgebung gewinnt, das Urvertrauen genannt wird und das sowohl in einem Vertrauen zu Teilen des jeweiligen Kontexts als auch in einem Vertrauen in sich selbst besteht; beides hängt zusammen.

Solches Vertrauen in der Interaktion mit wichtigen Partnern oder Kontexten wird in der menschlichen Entwicklung immer wieder gelernt, aber es gibt doch privilegierte Phasen dieses Lernens. Eine solche Phase ist sicherlich die der Adoleszenz und Postadoleszenz, weil in ihr die Ich-

Identität im Sinne von Erik Erikson herausgebildet wird, das Individuum also ein bestimmtes Vertrauen in sich selbst gewinnt, das auf der Erfahrung der Differenz zu den anderen und der Selbstbehauptung im Verhältnis zur erweitert erfahrenen Umwelt beruht. Die kollektive Identität, die die Familie verliehen hatte, tritt in ihrer Bedeutung zurück zugunsten einer individuellen, die eine neue, nunmehr selbständige Auseinandersetzung mit der Welt, die individuelle »Welterfahrung« in diesem Sinn ermöglicht.

Nun ist aber die bisherige Welterfahrung des Adoleszenten keineswegs auf die Eltern beschränkt, sie schließt einen bestimmten Weltausschnitt als Kontext des heranwachsenden Individuums ein, und auch die Eltern sind Träger und Mitglieder eines größeren Kontextes und kollektiver Identitäten, mit denen das Individuum durch sie vermittelt in Kontakt kommt. Es wächst also nicht nur in bestimmte kollektive Identitäten hinein und gewinnt eine individuelle, sondern es wächst auch in Lebenswelten auf, die ihm vorgegeben sind, zu denen es Vertrauen gewinnen muß.

Wenn das Urvertrauen fehlt, wenn es dem Individuum nicht gelingt, diese Eigenschaft in der Interaktion mit der Mutter oder Ersatzpersonen herauszubilden, dann wird es immer wieder an allem und jedem zweifeln, ob Person oder Sache, mit dem es in Berührung kommt. Durch den kontinuierlichen Zweifel wird das Individuum handlungsunfähig, es kann sich kaum auf eine Kommunikation, geschweige denn eine Interaktion einlassen, ohne fürchten zu müssen, geschädigt zu werden.

Bei Kurt ist es jedoch keineswegs das Urvertrauen, das zu fehlen scheint, sondern das Vertrauen in die Lebenswelt und die kulturellen Normen, in denen er aufgewachsen ist. Kommunikation als eine selbstverständliche Kategorie alltäglichen Handelns setzt einen Vertrauensvorschuß voraus, den ich an anderer Stelle Vorvertrauen genannt habe. Vorvertrauen entwickelt sich in geteilten Lebenswelten; wir wissen, daß der andere dieselben Kontexte, Traditionen und Informationen kennt, über die wir auch verfügen, die Kommunikation mit ihm muß nicht bei Null anfangen, er »weiß Bescheid«. Auf der Grundlage des ihm daher von mir entgegengebrachten Vorvertrauens, das er erwidert, kann sich die Kommunikation wie selbstverständlich entwickeln, es muß nicht alles gesagt werden, wir können schnell »auf den Punkt kommen«.

Wenn dieses Vorvertrauen nicht gegeben ist, dann muß es erst durch Kommunikation erarbeitet werden, dann muß die Kommunikation gewissermaßen selbst ihre sonst gegebenen Voraussetzungen schaffen, dann muß Kurt die anderen »ganz genau kennenlernen«, denn sonst ist keine »Vertrauensbasis« da.

Vertrauen beruht auf der Vertrautheit mit einem sich immer wieder beweisenden, sich als sicher herausstellenden Kontext und – in gegenseitiger Abhängigkeit – auf Selbstsicherheit, die Kontextveränderungen ertragen kann (Luhmann 1973). Nun erweisen sich die Kontexte der Jugendlichen heute in mehrfacher Hinsicht als unsicher. Eine folgenreiche Unsicherheit ist die der beruflichen Perspektive; es gibt praktisch keine »sicheren« Arbeitsplätze oder Berufe mehr; zum Beispiel wurde vor einigen Jahren Jugendlichen von den Arbeitsämtern empfohlen, Programmierer zu werden; fünf Jahre später gab es arbeitslose Programmierer. Und die wenigen einigermaßen sicheren Arbeitsplätze sind entsprechend schwer zu erringen.

Eine weitere Unsicherheit ist die der traditionellen Lebenswelt mit ihren ungeschriebenen Normen. Die Krise der Normalität ist auch eine Krise dieser Normen. Da diese Unsicherheit schwer in wenigen Worten zu fassen ist, will ich mich ihr über ein die Jugendlichen besonders betreffendes Beispiel nähern, den Erziehungsstil. Zur traditionellen

Lebenswelt gehörte ein bestimmter Erziehungsstil, der wohl meist Strenge und Güte vereinte, aber immer auch relativ rigide Normen setzte. Heute ist an seine Stelle ein – sogenannter – permissiver Stil getreten, der durch die kulturelle Kritik des alten, autoritären Stils entstanden ist (Fend 1988). Für die betroffenen Jugendlichen ergeben sich Widersprüche, denn meist hat sich nur der Stil geändert, nicht aber die Inhalte der Erziehung. Oder wenn sich beide geändert haben, dann stehen sie häufig im Widerspruch zu Normen, deren Einhaltung den Jugendlichen von anderer Seite abverlangt wird, zum Beispiel von der Schule oder ihrer Ausbildungsstätte.

Die Jugendlichen erhalten also von den Kontexten, in denen sie leben, widersprüchliche Informationen, die Kommunikation zwischen diesen Kontexten und ihnen ist gestört, sie können daher kein Vertrauen zu diesen Kontexten entwickeln. Bezeichnenderweise sagt daher Kurt: »Wir sind die erste Generation, die sich selbst erzogen hat.« Natürlich erzieht sich niemand selbst, aber mit diesem Satz wird doch sehr anschaulich ausgedrückt, daß diese Jugendlichen sich angesichts der erfahrenen Widersprüche nicht von der einen oder anderen Seite »erzogen« fühlen, nicht wie selbstverständlich in eine Lebenswelt hineingewachsen sind, sich auch deshalb niemandem verpflichtet fühlen – außer sich selbst.

Die Jugendlichen sind heute in einer paradoxen Situation: Einerseits werden sie mit Ansprüchen konfrontiert, die von den Normen des alten kulturellen Modells geprägt sind, andererseits werden eben diese Normen kulturell kritisiert, sind also unglaubwürdig geworden. Was Wunder, daß die Jugendlichen diese kulturelle Kritik aufnehmen und weitertreiben. Dadurch wird aber die Krise der Normalität zumindest in der Sphäre der Lebenswelt beschleunigt – die Institutionen reagieren ihrer Natur gemäß anders, das heißt dieser Bewegung gegenüber notwendig konservativ –, und die Situation wird für die Jugendlichen noch paradoxer.

Auf solch paradoxe Situationen kann das Individuum alternativ reagieren; entweder wird es krank, zum Beispiel drogensüchtig, oder es versucht, »gegenparadox« (M. Selvini-Palazzoli 1981) mit dieser Situation umzugehen, mit ihr kommunikativ zu spielen, sie kommunikativ und/oder handelnd »auszuprobieren«. Nicht zufällig ist »ausprobieren« ein Topos in der Sprache der Jugendlichen und gehört auch zur Sprache der sogenannten Psychoszene, in der oft zu hören ist, daß sich jemand »in einer Situation ausprobieren« will. Es ist klar, daß es ein geringeres Risiko ist, dies erst einmal kommunikativ zu tun. Den Jugendlichen ist allemal bewußt, daß sie in einer Risikogesellschaft (Beck 1986) leben; Kommunikation ist ein Mittel, Risiken relativ gefahrlos kennenzulernen, sie einzuschätzen und eventuell niedrig zu halten.

Vertrauen als Voraussetzung für Kommunikation konnte in der traditionellen Lebenswelt auf gesichert erscheinenden, wie selbstverständlich den Individuen zur Verfügung stehenden Erfahrungsbeständen aufbauen. Die Erfahrungen mußten nicht alle individuell gemacht, sie konnten übernommen werden. »Da kannst Du Dich darauf verlassen«, hieß es, und weil es meist stimmte, wurde Vertrauen geschenkt. Das Individuum konnte leichter Selbstvertrauen gewinnen, weil die Kontexterfahrungen Vertrauen vermittelten. Alles deutet darauf hin, daß das heute nicht mehr zutrifft, daß die Kontexterfahrungen den Individuen kein Vertrauen vermitteln, daß es schwierig geworden ist, Selbstvertrauen zu gewinnen. Da aber die Individuen nicht aus sich selbst heraus existieren können, da sie aufeinander in vielerlei Hinsicht angewiesen sind, da sie nicht in ständiger Unsicherheit leben können, benötigen sie Vertrauen. Deshalb müssen sie die anderen und ihre eigenen Kontexte

»ganz genau kennenlernen«, um mit Hilfe dieser Kommunikationsstrategie doch noch Vertrauen zu gewinnen. Kommunikation wird so zum Königsweg der Individuen zu sich selbst und zu ihrer Umwelt.

Kommunikation im neuen kulturellen Modell unterscheidet sich also von der im alten kulturellen Modell, weil sie eine ganz andere Bedeutung für die Individuen hat. In der Kommunikation muß erst eingeholt werden, was zuvor den Menschen wie selbstverständlich als sicherer Rahmen ihrer Existenz gegeben war. Das heißt natürlich nicht, daß es keine Unsicherheit in der Existenz der Menschen gegeben hat, sie war nur meist auf die Ebene der materiellen Existenzsicherung beschränkt, während sie heute trotz des unleugbar höheren Wohlstands immer noch auf der materiellen Ebene, zusätzlich aber auch auf der der kulturellen Normen besteht. Kommunikation gewinnt unter diesen Umständen – nicht unbedingt in materieller Hinsicht – eine existenzielle Bedeutung. Sie erhält nun auch spielerische, ja kreative Momente, greift darin regional unterschiedlich auf Elemente der vormodernen Kultur zurück. Kommunikation wird so zum einen eine Lebensnotwendigkeit, zum anderen eine Kunst. Die Kreativität der Jugendlichen besteht vor allem darin, eine kommunikative Kultur zu schaffen, und das impliziert im Ansatz die Schaffung einer neuen Lebenswelt.

Dieses Kapitel über die Kommunikation abschließend will ich – einer Analyse von G. Croussy (1989) folgend – fünf Kommunikationsebenen unterscheiden und die festgestellten Veränderungen der Kommunikation auf diesen Ebenen zusammenfassen:

– Auf der *existentiellen* Ebene geht es darum, daß das Individuum wissen will, wer es ist, sich also einerseits als Teil der Menschheit definiert, andererseits als Individuum, das eine eigene, unverwechselbare Identität besitzt. Die Kommunikation ist für beide Aufgaben unerläßlich, sie ist das Medium aller Bemühungen um Identifikation und Differenzierung. Die Anerkennung von Identität und Individualität gewinnt eine existenzielle Bedeutung für das Individuum, und diese Anerkennung kann nur kommunikativ erfolgen.

– Auf der *wirtschaftlichen* Ebene werden die Tauschbeziehungen in allen Bereichen, also gleichermaßen in Produktion, Distribution und Konsumtion, organisiert. Kommunikation ist das unbestrittene Medium der Organisation und Koordination aller wirtschaftlichen Aktivitäten. Künftig wird Kommunikation auf dieser Ebene wahrscheinlich noch eine zusätzliche Aufgabe erhalten, die im Ansatz bereits existiert: die der Legitimation wirtschaftlichen Handelns. Angesichts der ökologischen Probleme wird die kommunikative Rechtfertigung vieler besonderer wirtschaftlicher Aktivitäten zu einem unabdingbaren Moment der Ökonomie werden.

– Auf der *soziokulturellen* Ebene ist es die Aufgabe der Kommunikation, soziale Beziehungen jeglicher Art zu organisieren. Wie Croussy formuliert, geht es darum, symbolisch die Atomisierung und Anomie der Individuen aufzuheben. An dieser Aufgabe wird sich durch den soziokulturellen Wandel nichts ändern, aber ihre Inhalte und ihre Formen werden sich verändern. Während bislang die Lebenswelt geprägt war durch traditionelle Normen der Moderne, die im Vorvertrauen eingelagert waren, wird es künftig darum gehen, solche Normen in kommunikativen Prozessen zu finden oder immer wieder neu einzuholen. Gemeinschaft; die bisher in der Gesellschaft – in Anlehnung an Tönnies und Gramsci können wir sagen »organisch« – gewachsen, den Individuen vorgegeben war, muß nun selbstreflexiv hergestellt werden. Idealtypisch werden die sozialen Beziehungen im neuen kulturellen Modell bewußt und selbstbezogen geschaffen.

– Auf der *politischen* Ebene dient die Kommunikation der Aufrechterhaltung von Herrschaftsverhältnissen. Oft ist Kommunikation in Form einer Mitteilung schon eine politische Handlung. Es gab allerdings immer schon Kritik und Kontrolle politischen Handelns durch öffentliche Kommunikation. Wir erleben – besonders deutlich beim Übergang von totalitären Gesellschaften zu mehr oder minder demokratischen –, wie in Gesellschaften mit demokratischem Selbstverständnis diese Funktion der Kommunikation zunimmt und immer mehr zum Gradmesser ihrer demokratischen Verfaßtheit wird. Wie auf der wirtschaftlichen wird auch auf der politischen Ebene der Anspruch kommunikativer Legitimation immer größere Bedeutung erhalten.

– Auf der *metaphysischen* Ebene wurden Sinnfragen früher durch die Religion beantwortet. Dann übernahm wenigstens teilweise die Wissenschaft diese Aufgabe. Da heute die Menschen weniger an Gott glauben und auch die Wissenschaft nicht alles erklären kann, wendet sich das Individuum oft an seinesgleichen und/oder versucht einen »Dialog mit der Natur« (Prigogine/Stengers 1980). Sinnfragen waren immer Gegenstand von Kommunikation, früher aber einer einseitigen Kommunikation zwischen dem »gemeinen Volk« und religiösen oder wissenschaftlichen Experten, heute zunehmend einer gleichberechtigten Kommunikation zwischen den Individuen. Empirisch begegnen wir diesem Tatbestand oft in der Form der Interviewaussage: »Wir haben über Gott und die Welt geredet«, wobei Kurt, der das auch berichtet, diese Aussage nicht mit der banalen Konnotation »alles und jedes« verwendet, sondern, das wird aus dem Kontext unzweifelhaft deutlich, in ihrem emphatischen Sinn.

Der soziokulturelle Wandel der Bedeutung von Kommunikation setzt also den Prozeß der Modernisierung fort;

Säkularisierung und Rationalisierung werden über bisher als Endpunkte verstandene Schwellen vorangetrieben, wobei dieser Prozeß zugleich – festzumachen vor allem an seiner Selbstreflexivität – ein Moment der Kritik an den bisherigen Inhalten und Formen von Rationalisierung und Säkularisierung enthält. Diese Kritik kann allerdings auch über die Modernisierung hinausgehen und dazu führen, daß der Bereich der Rationalisierung eingeschränkt und Sakrales als ein notwendiges Element menschlicher Existenz neu bestimmt wird (G. u. M. C. Bateson 1987).

4. Umorientierungen

Das Wort »Umorientierungen« hat hier eine Doppelbedeutung: Einerseits bezeichnet es einen bestimmten Aspekt des soziokulturellen Wandels, nämlich daß sich Individuen neu orientieren, andererseits bezieht es sich auf den soziologischen Begriff der Orientierung und zeigt mit dem Präfix »Um-« dessen Veränderung an. Orientierungen sind in unserer Definition (Neumann 1984) Normen, mit denen das Individuum für jeweils einen Relevanzbereich – im Sinne von Alfred Schütz – sein alltagspraktisches Handeln regelt. Diese alltagspraktischen Orientierungen sind meist vorbewußt, das heißt, sie sind nicht in dem Sinne unbewußt, daß wir sie uns nicht mit geringer Mühe bewußt machen könnten, sie sind aber auch nicht bewußt, denn wenn wir sie uns jeweils beim Handeln bewußt machen wollten, kämen wir nicht zum Handeln. Sie sind mit den Regeln des Autofahrens vergleichbar, die wir automatisch anwenden, weil wir kaum von der Stelle kämen, wenn wir sie in jedem einzelnen Handlungsteil reflektieren wollten. Orientierungen besitzen wir für alle Handlungsbereiche des täglichen Lebens; ohne Orientierungen wären wir von der Fülle der an uns gerichteten Handlungserwartungen überfordert, wir kämen nicht zum Handeln.

Ein leicht nachvollziehbares Beispiel für eine Orientierung, genauer gesagt für einen Aspekt einer Orientierung, ist der Umgang mit Pünktlichkeit als Moment der Zeitorientierung. Nach kurzem Nachdenken ist jeder in der Lage festzustellen, daß er keineswegs wahllos mit der Anforderung der Pünktlichkeit umgeht, sondern einer bestimmten Regel folgt, etwa fast immer drei Minuten zu spät oder fünf Minuten zu früh kommt, fast nie oder fast immer pünktlich ist und so weiter. Solche Regeln besitzen wir für alle für uns relevanten Felder des Handelns, sie sind ein Element der Bewältigung der alltäglichen Handlungsanforderungen.

Es ist wohl ohne weiteres einleuchtend, daß die Orientierungen kulturell geprägt, ja Bestandteil unserer Kultur sind. Ein soziokultureller Wandel muß sich in den Orientierungen zeigen. Da die Handlungsfelder der Individuen außerordentlich zahlreich sind, kann die zeitlich und räumlich eng begrenzte Sozialforschung nur einige Orientierungen beispielhaft aufgreifen und untersuchen. Ich werde mich daher im folgenden auf einige wenige Orientierungen beschränken, die mir für die Frage nach dem soziokulturellen Wandel besonders bedeutsam erscheinen. Es handelt sich um Orientierungen für die Handlungsfelder Lohnarbeit, Partnerbeziehungen und den Umgang mit Zeit.

Orientierungen sind für uns Elemente von sozialen Deutungsmustern, mit denen die Individuen die Welt interpretieren, mit denen sie ihr Denken und Handeln strukturieren. Die sozialen Deutungsmuster sind soziale Strukturen des Individuums, die zwar jeweils eine individuelle Gestalt besitzen, deren sozialer Charakter jedoch zugleich eindeutig gegeben ist, wie die Beispiele zeigen werden. Wenn Orientierungen alltagspraktische Momente von sozialen Deutungsmustern sind, dann sind Gesellschaftsbilder die alltagstheoretischen. Die Gesellschafts- oder Weltbilder dienen den Individuen zur Verortung in dieser Gesellschaft, sie entsprechen einem in dieser Gesellschaft unabweisbar gewordenen Bedürfnis nach Bestimmung des sozialen Ortes, an dem sich das Individuum befindet (Zoll 1984b).

4.1 Arbeitsorientierungen im Vergleich

Da wir vor der Untersuchung der *Arbeitsorientierungen von Jugendlichen* in dem Forschungsvorhaben *Arbeiterbewußtsein in der Wirtschaftskrise* uns sehr intensiv mit den Arbeitsorientierungen von Arbeitern im Alter zwischen 30 und 55 Jahren beschäftigt haben, bin ich in der glücklichen Lage, einen unmittelbaren Vergleich zwischen den beiden Altersgruppen und – wie sich im Laufe der Interpretationsarbeit herausstellte – zwischen altem und neuem kulturellen Modell anstellen zu können.

Die protestantische Ethik konnte als Arbeitsethik bezeichnet werden, weil das Verhältnis zur Berufsarbeit eine zentrale Stelle in den von dieser Ethik generierten sozialen Deutungsmustern einnahm. Die Arbeitsorientierungen sind die Normen und Regeln, die sich einerseits aus der sozialen Situation der Individuen und andererseits aus der Umsetzung der »Arbeitsethik« in die Alltagspraxis ergeben. Im alten kulturellen Modell waren die Arbeitsorientierungen der Lohnabhängigen von einem doppelten Bezug zur Lohnarbeit charakterisiert, einem instrumentellen und einem expressiven Bezug. Die These vom überwiegend instrumentellen Bezug zur Lohnarbeit, die John Goldthorpe (1964) vertreten hatte, korrigierte der Autor wenig später selbst; sie ist auch durch andere Untersuchungen (Knapp 1980, Schumann 1981, Geissler 1984) widerlegt worden. Der instrumentelle Bezug ergibt sich notwendig aus der sozialen Situation der Lohnabhängigen; sie haben keine andere Möglichkeit, ihre Existenz zu sichern, als ihre Arbeitskraft zu verkaufen, müssen also zusehen, daß dieser Verkauf der Arbeitskraft ihnen die für die Existenz notwendigen Mittel einbringt. Solange die Notwendigkeit zum Verkauf der Arbeitskraft besteht, ist auch ein instrumenteller Bezug zur Lohnarbeit gegeben; die Frage ist nur, in welchem Verhältnis er zum expressiven Bezug zur Arbeit steht, ob er dominiert, ob der expressive Bezug vorherrscht oder ob der instrumentelle Bezug sogar durch die weitgehende Befriedigung der Lohnarbeiterinteressen, durch einen sicheren Arbeitsplatz, entsprechend hohe Löhne und gute Arbeitsbedingungen, in den Hintergrund tritt.

Der expressive Bezug besteht in einem identifikatorischen Verhältnis zu einer Seite der Lohnarbeit. Er ist sehr vielgestaltig, denn die Lohnarbeit hat viele Seiten. Da sind Form und Inhalt der Lohnarbeit, aber auch scheinbar nebensächliche Aspekte wie der Ort der Lohnarbeit, die Identifizierungsmöglichkeiten bieten. Vor allem für Facharbeiter, aber auch für viele andere Arbeiter mit mehr oder weniger qualifizierten Arbeitsplätzen ist es der reale oder illusionäre Bezug zum Inhalt der Arbeit, der das expressive Verhältnis zur Lohnarbeit bestimmte und vielfach noch bestimmt. Nun ist aber allseits bekannt, daß die Entwicklung der Lohnarbeit im Industriekapitalismus – wenn auch keineswegs geradlinig – zu einer Verminderung der hier gemeinten Arbeitsinhalte geführt hat; das immer noch anschaulichste Beispiel ist Fließbandarbeit. Der Mensch kann aber nicht monate- oder jahrelang einer Arbeit nachgehen, ohne ein psychisches Arrangement mit dieser Arbeit zu finden. Oft hat die kooperative Form der Arbeit ein solches Arrangement ermöglicht. Bekannt ist das Beispiel von Arbeiterinnen, die trotz geringer Arbeitsinhalte, wie sie sagten, »gern« zur Arbeit gingen, weil sie ihnen die Möglichkeit zur Kommunikation untereinander bot. Wenn der Inhalt der Arbeit gering oder – in der Sprache der Arbeiter – die Arbeit nicht »gut« ist, dann ist vielleicht das Produkt der Arbeit »gut«, und die Arbeiter finden in der bekannten Markenware, die sie produzieren, oder in der Firma mit Weltruf, in der sie arbeiten, eine Möglichkeit der Identifikation.

Die Vielfältigkeit der expressiven Bezüge kann hier nur an Beispielen gezeigt werden. Es ist aber vielleicht schon deutlich geworden, daß die Tugenden der protestantischen Ethik – durchaus vermischt mit vormodernen, vielleicht sogar anthropologischen Eigenschaften wie etwa der Liebe zur gut ausgeführten Arbeit – in die expressiven Bezüge zur Lohnarbeit eingehen. Die Liebe wird zur Pflicht, und es ist dann die Pflichterfüllung, die Befriedigung verschafft. Die Bewährung durch die Lebensführung stellt sich als Bewährung durch Leistungsbereitschaft und Leistungserbringung, durch verantwortungsvolle und pflichtbewußte Ausführung der Arbeit, durch Genauigkeit in den einzelnen Arbeitsvollzügen und durch Hingabe an die gestellte Arbeitsaufgabe dar. In der konkret-individuellen Ausprägung äußert sich die Leistungsbereitschaft zum Beispiel darin, daß ein Arbeiter den Gedanken an eine weitere Arbeitszeitverkürzung – es galt zur Zeit des Interviews die 40-Stunden-Woche – energisch zurückweist, weil, wenn er für Arbeitszeitverkürzung einträte, ja die Vermutung entstehen könnte, er sei nicht leistungsbereit. Dieser Arbeiter erklärt auf die Frage nach der 35-Stunden-Woche: »Das wäre ja, als ob ich überhaupt nicht mehr arbeiten würde.« – Die Freude an der Genauigkeit von Arbeitsvollzügen drückt ein Werkzeugmacher sehr beredt aus, der 24 Jahre in einem Betrieb beschäftigt war und dort vor allem in der Werkzeugmacherei genaue Schleifarbeiten verrichten mußte. Ob ihm allerdings diese Arbeit wirklich 24 Jahre lang so viel Zufriedenheit verschafft hat, könnte bezweifelt werden; er ist mit vielen anderen zusammen entlassen worden, war ein halbes Jahr arbeitslos, und nun erinnert er sich vor allem an die »guten Seiten« seiner Arbeit, die wohl mehr den Anfang seiner dortigen Beschäftigung bestimmt haben.

Die Vielfältigkeit der möglichen expressiven Bezüge ergibt entsprechend unterschiedliche Ausprägungen von Arbeitsorientierungen. Dabei gibt es berufstypische, aber keineswegs auf die jeweiligen Berufe beschränkte Ausprägungen wie etwa die durch stark arbeitsinhaltliche Bezüge gekennzeichnete Facharbeitermentalität. Sie ist durchaus auch bei vielen Angelernten anzutreffen – wie das sprichwörtliche Pflichtbewußtsein des preußischen Beamten oder wie die Dienstleistungsmentalität bestimmter Angestelltenberufe.

Aber immer gab und gibt es in der für das alte kulturelle Modell charakteristischen Arbeitsorientierung ein für das jeweilige Individuum irgendwie ausgewogenes Verhältnis zwischen instrumenteller und expressiver Seite der Arbeitsorientierung, beide ergänzen und beschränken einander auch. Die Beschränkung ist ein selten hervorgehobenes, aber doch sehr wichtiges Merkmal: Eine zu starke Identifizierung mit der Lohnarbeit wird durch das Bewußtsein verhindert, die Verausgabung der Arbeitskraft müsse in einem bestimmten Verhältnis zur Entlohnung, seltener zu den Arbeitsbedingungen insgesamt, stehen. Der instrumentelle Bezug wird durch die Notwendigkeit eines psychischen Arrangements mit der Lohnarbeit begrenzt.

Nun ist es keineswegs so, daß diese »klassische« Arbeitsorientierung durch den soziokulturellen Wandel einfach abgeschafft und durch eine andere ersetzt wird. Die kulturelle Dynamik beinhaltet vielmehr einen differenzierten und differenzierenden Veränderungsprozeß. So impliziert das alte kulturelle Modell, wie seit der Analyse der protestantischen Ethik durch Max Weber bekannt, ein Ideal von Beruflichkeit, das im neuen kulturellen Modell nicht aufgegeben wird – im Gegenteil. Das Ideal von Beruflichkeit, von Beruf als Berufung, ist wahrscheinlich noch wichtiger als vorher. Es hat ein Prozeß der Aufhebung im dialektischen Sinn stattgefunden, den es nun gilt, genauer anzuschauen. Dazu gehe ich zunächst wieder auf das Interview mit Kurt ein, der den Verlust von Beruflichkeit als einer realen Möglichkeit seiner Lebensperspektive und die Bewahrung von Beruflichkeit als Ideal besonders anschaulich ausdrückt.

Kurt setzt sich intensiv mit der Frage auseinander, was Arbeit eigentlich für ihn bedeuten könnte. Er untersucht durchaus die Identifikationsmöglichkeiten, die Arbeit und Beruf im Sinn der protestantischen Ethik bereitstellen, kann sie aber für sich nicht realisieren. Daraus ergibt sich eine unübersehbare und vielleicht unüberwindliche Distanz zur Lohnarbeit.

»Frage: Welche Bedeutung hat eigentlich Arbeit für Dich? Antwort: Ja, Arbeit muß sein, um die Wirtschaft anzukurbeln. Mehr kann ich da echt nicht zu sagen.«

Arbeit hat also keine Bedeutung für ihn, sondern nur an sich. Sie muß sein, um die für den Konsum gebrauchten Güter herzustellen, mehr nicht. Arbeit reduziert sich auf das Geldverdienen, um Konsumgüter kaufen zu können, und auf die Herstellung der Konsumgüter. Die Arbeitsorientierung reduziert sich bei Kurt auf die instrumentelle Orientierung. Gewiß, »irgendwo gibt Arbeit auch Befriedigung«, aber dieses Irgendwo ist nicht hier und jetzt, es gilt nicht für Kurt. Arbeit kann Befriedigung verschaffen, aber nicht ihm.

»Man ist irgendwo im Getriebe drin und ist da so ein kleines Zahnrädchen, und das treibt auch den Rest mit an. Aber sonst so Arbeit? Eigentlich nur zum Geldverdienen.«

In der Tat könnte er nur »Rädchen« sein, und dazu hat er keine Lust. Die Bedeutung des »Rädchens« für das Ganze der Wirtschaft ist da, aber sie ist so minimiert, daß über sie eine Identifikation nicht möglich ist. Wie wenig Bedeutung die Gesellschaft selbst diesem Rädchen zumißt, zeigt sich in der hohen Jugendarbeitslosigkeit und damit den geringen Möglichkeiten, die den Jugendlichen zur Identifikation geboten werden.

»Ja, und also, das liegt vielleicht auch daran, weil ich noch keinen Beruf gefunden habe, wo ich so richtig sagen könnte, das ist der richtige, und das möchtest du auf jeden Fall machen, und du bist vollkommen zufrieden und fühlst dich dabei wohl. Deshalb kann ich vielleicht nicht richtig sagen, was Arbeit für mich bedeutet.«

Die Vorstellungen der protestantischen Ethik über Beruflichkeit sind durchaus als Vorstellungen noch existent. Das zeigen die hohen Erwartungen, die Kurt an einen Beruf im Sinne von Berufung hat. Da bei Kurt der Ausdruck »wohlfühlen« – wie noch zu zeigen sein wird – die Konnotation »selbstverwirklichen« hat, wird hier sogar die Selbstverwirklichung über Arbeit als Möglichkeit angesprochen. Aber sie ist nur im Konjunktiv, im »vielleicht« vorhanden, sie ist nicht real. Alle Berufe stehen als Möglichkeit zur Verfügung, doch unterscheidet Kurt zwischen den Berufen, die Selbstverwirklichung ermöglichen, also die »richtigen« sind, und denen, die sie nicht zulassen. Die ersteren scheinen ihm nicht offenzustehen, real gibt es also den Beruf als Berufung bisher für Kurt nicht. Deshalb bleibt ihm nur das Ausprobieren.

»Also meine Vorstellungen wären erst einmal Ausprobieren«; das bringt jedoch Schwierigkeiten mit sich, weil die objektiven Möglichkeiten zum Ausprobieren fehlen und weil Beruf als Berufung gerade angesichts der virtuellen Wahlmöglichkeit wirklich ernst genommen wird.

»Und da seh' ich auch ein Problem, weil, ich könnte jetzt nicht so auf einen Schlag sagen, die und die Arbeit möchte ich mein ganzes Leben lang machen, bis ich Rentner werde, das könnte ich wirklich nicht.«

Hier wird sehr deutlich, was das Zerbrechen von Normalität für die vorrangig Betroffenen an Problemen mit sich bringt. Da es keine gesicherten Grundannahmen über einen Beruf mehr gibt, der dann auch im Leben trotz aller möglichen negativen Erfahrungen beibehalten wird, kann Kurt nur »ausprobieren« und sich vor einer Festlegung hüten. Er weiß, was eine solche Festlegung bedeutet, verweigert sich ihr also. Es ist eine Verweigerung gegenüber den Ansprüchen der Normalität von Berufsbiographien. Er weiß auch um die Folgen – »dann hat man kein Geld« – und um die Notwendigkeit der Arbeit – »um Geld zu verdienen«. Aber im Gegensatz zur Normalität, die von der protestantischen Ethik geprägt wurde, ist der Zwang zur Arbeit von ihm nicht verinnerlicht, sondern eindeutig von außen gesetzt. Man braucht halt Geld zum Leben in dieser Gesellschaft; auf diesen Zwang reagiert Kurt mit Unterwerfung und Verweigerung, aber nicht mit Verinnerlichung. Kurt gehört zu einer Generation im Übergang: Einerseits lösen sich die Leitbilder der protestantischen Ethik als subjektive Normen der Lebenswelt auf, andererseits sind sie als objektive Normen in den Institutionen, im »System«, verankert.

Die Distanz zur Lohnarbeit wird bei Kurt schon in seiner ersten Antwort im Interview deutlich, in der Distanz zur Arbeitsbeschaffungsmaßnahme, die ihm von außen verpaßt wird, die er nicht wählen konnte. Auch die erste, später abgebrochene Ausbildung war nicht von ihm gewählt: Er hätte gern eine andere Ausbildung gemacht, aber für sie gab es erst ein Jahr später eine Lehrstelle; der Druck der Mutter und die finanzielle Situation gaben schließlich den Ausschlag. Es ist auch nicht die für die protestantische Ethik charakteristische Selbstdisziplin, die ihn zum Ausharren in der ungewollten Ausbildung veranlaßt, sondern seine autoaggressive Unterwerfung gegenüber der Mutter. Diese sagt ihm, daß »Lehrjahre keine Herrenjahre« sind und daß es »irgendwie schon klappen wird«, aber er reagiert mit ironischer Distanzierung: »wie man immer so schön sagt«. Am Ende »klappt« dann nur die psychosomatische Reaktion, wie zu erwarten war.

Distanz zeigt sich ebenfalls in der illusionslosen Analyse

der eigenen Situation in der Arbeitsbeschaffungsmaßnahme, die völlig zutreffend als eine politische Maßnahme begriffen wird, die Jugendliche nur für eine Zeitlang »parkt«, aber nicht die Probleme löst. Das kritische Potential einer solchen Distanz wird ebenfalls in den Äußerungen Kurts zur Ausbildung sichtbar; er kennzeichnet sie als unzureichend, weiß aber auch, daß es in anderen Betrieben nicht besser aussieht.

Da Kurt angesichts gehobener Konsuminteressen (»CD-Player«) die Notwendigkeit der Lohnarbeit zum Geldverdienen durchaus sieht, hat die Distanzierung auch die Funktion, die Lohnarbeit erträglich zu machen. Wenn die Identifizierung nicht mehr möglich ist, dann bleibt nur noch die Distanzierung. So wird psychische Energie von der Lohnarbeit abgezogen und frei für anderes. Für Kurt ergibt sich ein eklatanter Widerspruch zwischen seinen Konsuminteressen, die zwar nicht »lebenswichtig«, aber durchaus »erstrebenswert« sind, und der Bewahrung seines Selbstentwurfs, seiner jetzigen Identität.

»Und das [die Konsumwünsche, Anm.] setze ich wieder irgendwo in Verbindung mit beruflich nach oben streben, weil ›nach oben streben‹ heißt etwas mehr Geld. Das ›Nach-oben-Streben‹ verbinde ich aber wieder damit, daß man doch vielleicht abstumpft, daß man zuviel um die Ohren hat, daß man nachher wirklich kaputt ist, wenn man nach Hause kommt, daß man irgendwo zu tief in der Arbeit drinsteckt.«

»Streben« hat bei Kurt die Konnotation des beruflichen Strebens, Aufsteigens, des Engagements in Lohnarbeit. »Nach-oben-Streben« bezeichnet die der Normalbiographie inhärente Aufstiegs- oder Karrierelogik. Kurt will nicht in der Arbeit aufgehen, denn er weiß genau um die Einschränkungen, die die Lohnarbeit für das Individuum mit sich bringt. Seine Freundin fällt ihm ins Wort, versteht ihn nicht, löst sein strukturelles Problem in ein zeitliches auf: »Wenn Du Dich jetzt hängen läßt...« Sie und seine Mutter vertreten ihm gegenüber den Standpunkt der protestantischen Ethik; er dagegen ist durch ihre Ansprüche, die natürlich auch die der Gesellschaft sind, geniert; er hält einerseits an seiner impliziten Idee des »allseitig entwickelten Individuums« fest, spürt andererseits den Widerspruch zu seinen Konsuminteressen. Vor allem aber fürchtet er zu Recht, daß er, wenn er diesen Ansprüchen nachkommen sollte, nicht mehr der sein würde, der er ist und der er sein will, also etwas Wesentliches verliert.

»Das ist dann das Problem, da kämpfe ich also selbst mit mir. Wenn ich mich hängen lasse, dann werde ich nichts, und wenn ich jetzt aufwärts strebe, dann weiß ich nicht, was aus mir wird.«

Kurts Umgang mit dem Leistungsdruck besteht darin, erstens das Unvermeidbare an Arbeit schnell hinter sich zu bringen und zweitens ab und zu eine wirkliche Pause zu machen. Kurt stellt die Leistungsnotwendigkeit nicht direkt in Frage, aber er fordert eine andere Organisation der Arbeitszeit (s. Abschnitt 4.4), und als Grundlage für diese andere Organisation der Lohnarbeit schlägt er sein Ideal der kommunikativen Verständigung vor (»er sollte seinen Angestellten [...] vertrauen«). Seine Utopie ist die kommunikative Bewältigung des Notwendigen. An dieser Interviewstelle entwickelt er diese Utopie, allerdings in der schlecht naiven Verherrlichung japanischer Betriebsführung. Kurt muß, um seine Utopie aufrechtzuerhalten, von den wirklichen Herrschaftsverhältnissen absehen; den Widerspruch zwischen seinem Kommunikationsideal und Herrschaft übersieht er jedoch nicht. Der Widerspruch bleibt ungelöst und damit offen.

Kurts Lebensrhythmus wird zum Streitpunkt zwischen ihm und seiner Mutter, die zweifellos sehr daran interessiert ist, daß er nach der abgebrochenen Lehre die Ausbildung zum Bürokaufmann erfolgreich abschließt.

»Das ist bei meiner Mutter auch so, die hat natürlich mehr Lebenserfahrung. Aber ich sag' ihr immer, da hab' ich ja nichts von, daß sie das hat. Wenn sie jetzt sagt, mein Gott, geh' früh schlafen, nehmen wir mal das Beispiel, da hab' ich nichts von, weil ich vielleicht von einer anderen Sache, wenn ich z. B. mit Petra über irgendwas rede, da hab' ich viel mehr von, weil mich das weiterbringt in meinen ganzen Erfahrungen. Das bringt mich nicht unbedingt in meiner Arbeit wieder weiter. Und das ist auch für mich schwer, das abzugrenzen, was für mich jetzt wichtiger ist, ob ich nun mehr strebe und mehr Geld verdiene, oder ob ich mich mehr zu anderen Leuten stelle und mit denen rede und mit denen kommuniziere und denen irgendwo 'n Teil von mir mitgebe, wo die auch was mit anfangen können, was die zu verarbeiten haben und wo die auch drüber nachdenken.«

Für Kurt ist dieser Widerspruch zwischen seiner Berufsarbeit und seinem Drang zur Selbstverwirklichung durch Kreativität und Kommunikation das zentrale Problem seiner Lebensführung. Eine Lösung für dieses Problem zu finden, ist für ihn deshalb besonders schwierig, weil die Lohnarbeit selbst für ihn eine widersprüchliche Bedeutung hat. Sie gilt ihm einmal als Beschränkung seiner Selbstverwirklichung; zum anderen aber braucht er sie, um seine Existenz zu sichern und seine Konsuminteressen zu befriedigen. Die Distanz zur Lohnarbeit steht in unmittelbarem Zusammenhang mit dem Bedürfnis nach Selbstverwirklichung, und dieser Zusammenhang wird von Kurt selbst thematisiert.

»Je länger man arbeitet, desto konservativer wird man. Und deswegen möcht ich halt auch 'nen Beruf haben, wo ich mich *wohlfühlen* kann, wo ich mich *selbstverwirklichen* kann. [...] Denn irgendwo hab' ich auch Angst, erwachsen zu werden, also so richtig erwachsen zu werden. Erwachsen heißt für mich konservativ zu werden, das heißt, so wie meine Eltern zu werden.«

Die Idee der Selbstverwirklichung durch den Beruf sieht Kurt implizit als durch die Entwicklung der Lohnarbeit zerstört an. Er sucht nach einem Beruf, in dem er sich selbst verwirklichen kann, hält also im Prinzip an der Idee der Beruflichkeit fest, sieht aber, daß die Praxis des Berufs die Selbstverwirklichung zerstört (»man wird konservativer«). Und die Welt der Erwachsenen, die »konservativ« geworden sind, sich nicht selbst verwirklicht haben, lehnt er ab. Das Wichtigste ist das Bedürfnis nach Selbstverwirklichung, an ihm wird der Beruf, an ihm wird die Lohnarbeit gemessen. Die Enttäuschung über die Unmöglichkeit, einen bestimmten Beruf (Fotograf) zu lernen, der ihm Spaß macht und die Möglichkeit zur kreativen Selbstverwirklichung bietet (Fotografieren ist eines der kreativen Hobbys von Kurt), diese Enttäuschung wird von ihm rationalisiert mit der Bemerkung, wenn er da »auch nicht gut« sei, »zerstöre« das seinen »Traum«, so daß er lieber den Traum behält und den Beruf nicht ergreift. Während früher die Träume aufgegeben und die Zwänge verinnerlicht wurden, so scheinen nun die Träume verinnerlicht und die Zwänge aufgegeben zu werden.

Kurt sieht die Zwänge und damit die Notwendigkeit, sich ein Stück weit anzupassen, aber nicht um den Preis der Selbstaufgabe. Das Bedürfnis nach Selbstverwirklichung ist für Kurt so grundlegend und stark, daß das Motiv sich in vielen Ausprägungen im gesamten Interview findet. Es ist daher nicht erstaunlich, daß die beruflichen »Träume« immer etwas mit Kreativität zu tun haben, künstlerische Ambitionen oder helfende Kommunikation wie Krankenpflege und Drogenberatung beinhalten. Wenn diese Träume nicht zu realisieren sind, dann versucht er wenigstens, sein Ideal »herrschaftsfreier Kommunikation« in der Arbeit zu verwirklichen (kommunikative Betriebsführung, Selbstverwaltung, Pausen für Kommunikation). Kommunikation ist selbstverständlich ein integraler Bestandteil seiner Selbstverwirklichungsbemühungen.

Musik hat für ihn große Bedeutung (»unheimlich wichtig«); sie hilft ihm, ruhiger zu werden, zu sich selbst zu kommen. Er braucht sie, »um sich wohlzufühlen«, und wohl fühlt er sich, wenn er sich selbst verwirklicht. Auch das Fotografieren ist für ihn eine Form der Selbstverwirklichung.

»Und selbst fotografieren tue ich auch, also das ist auch eine Weise, wo ich mich versuche auszudrücken, wenn ich selbst fotografiere.«

Alle Formen des Spiels und der Kreativität beinhalten für Kurt die Möglichkeit der Selbstverwirklichung. Damit wird klar, daß Selbstverwirklichung auch eine ästhetische Kategorie ist. Die Selbstdarstellung durch Mode, die von Kurt und seiner Freundin von Zeit zu Zeit als ein keineswegs exzessives, aber durchaus bewußtes Spiel betrieben wird, muß in diesem Sinn als der Selbstverwirklichung dienend verstanden werden. Damit wird aber der Gegensatz zwischen der Selbstverwirklichung über Arbeit und der Selbstverwirklichung über kreative Tätigkeiten ästhetischen Charakters vollends deutlich. Alles, was über die Distanz zur Lohnarbeit dargelegt wurde, kann gewissermaßen noch einmal mit dem Akzent auf die gleichzeitige Verschiebung der Selbstverwirklichung auf Nicht-Lohnarbeit gelesen werden.

Das nächste Zitat aus dem Interview faßt die geschilderte Problematik zusammen:

»Es war für mich eine Zeit, wo ich sehr viel nachgedacht hab', auch Gedichte geschrieben habe und auch viel gezeichnet habe, viel kreativer war, wo ich meiner Phantasie wirklich freien Lauf lassen konnte, wo ich mich richtig selbstverwirklichen konnte. Und jetzt durch die Arbeit ist es natürlich alles eingeengt. Ich hab' noch den Drang danach, was für mich zu tun, was mit anderen zu tun, nur das Problem ist dabei, daß ich halt arbeiten muß und daß ich zur Schule gehen muß und das steht dem Ganzen im Wege.«

Die Zeit, von der er hier schwärmt, ist die seines Engagements in der Friedensbewegung. Es ist eine im emphatischen Sinne freie Zeit, nicht eingeengt durch Lohnarbeit und Schule. Kurt kann die Zeit der Arbeitslosigkeit als freie Zeit nutzen, weil er im Gegensatz zu älteren Lohnarbeitern, die arbeitslos werden, das protestantische Zeitmuster nicht so sehr verinnerlicht hat, daß die Zeit der Arbeitslosigkeit zur leeren Zeit wird. Phantasie und Kreativität setzen freie Zeit voraus, sie erfordern Muße. Muße schließt Arbeit nicht generell aus, nur die bestimmte Form der Arbeit, die durch die kapitalistische Gesellschaft gesetzt ist. Muße als Grundlage der Selbstverwirklichung ist wahrlich keine neue Idee in der Geschichte des Abendlandes, aber eine, die in der Realität vergessen schien. Nur den Künstlern wurde ihre Praxis wenigstens teilweise zugestanden. Aber wenn jetzt eine ganze Generation Künstler sein oder wenigstens Muße zugestanden haben will, was dann? Die im folgenden vorgenommenen Verallgemeinerungen werden durch viele Interviews im Rahmen des Projekts *Arbeitsorientierungen von Jugendlichen,* aber auch durch einige Jahre später durchgeführte Interviews mit Jugendlichen im Rahmen des Forschungsvorhabens *Arbeitslose und Gewerkschaft* gestützt (Zoll 1991a). Sie beziehen sich zunächst vor allem auf männliche Jugendliche; Lohnarbeit hat für junge Frauen eine andere Bedeutung als für junge Männer, weil sie durch andere Faktoren aufgewertet wird, auf die ich später eingehe.

Als grundlegendes Motiv für das Handeln der Jugendlichen heute kann die Selbstverwirklichung bezeichnet werden. Die Frage, ob Selbstverwirklichung über Lohnarbeit möglich ist, die sich den Jugendlichen stellt, und vor allem: die sie sich selbst stellen, wird heute grundsätzlich anders beantwortet als in früheren Jahren.

Hinter dem distanzierten Verhältnis zur Lohnarbeit steht

nicht einfach ein sang- und klangloser Verzicht auf die Lohnarbeit in ihrer sinnstiftenden Funktion, im Gegenteil: Der Gegensatz zwischen erhöhten Ansprüchen an die Lohnarbeit und veränderten Inhalten der Lohnarbeit, in denen sie diesen Ansprüchen gerecht werden könnte, führt zur Veränderung der Arbeitsorientierungen. Die Jugendlichen setzen sich durchaus intensiv mit der Frage auseinander, was Arbeit eigentlich für sie bedeuten könnte. Sie untersuchen die Identifikationsmöglichkeiten, die Arbeit und Beruf im Sinn der protestantischen Ethik bereitstellen, können sie aber in der Mehrzahl der Fälle für sich aufgrund des Widerspruchs zwischen ihrem Streben nach Selbstverwirklichung und der Realität der Lohnarbeitsbedingungen nicht realisieren. Die Veränderungen sind also zum einen Veränderungen der Arbeit selbst, zum anderen Veränderungen der subjektiven Bedeutung von Lohnarbeit.

Auf der betrieblichen Ebene sind mit der Entwicklung des kapitalistischen Produktionsprozesses in der Mehrzahl der Fälle die Arbeiten eines handwerklichen oder in anderer Weise kreativen Arbeitsinhaltes entleert worden. Dieser Prozeß ist in der industriesoziologischen und arbeitswissenschaftlichen Literatur so eindringlich beschrieben worden, daß hier der Hinweis darauf genügt. Dies trifft ebenfalls für den anderen Prozeß zu, der auf der gesellschaftlichen Ebene stattfindet und der eine Verminderung von Arbeit überhaupt zur Folge hat: die Steigerung der gesellschaftlichen Produktivität, die bewirkt, daß immer weniger Arbeitsstunden zur Herstellung eines Arbeitsproduktes notwendig sind.

Diese objektiven Veränderungen der Arbeit in der kapitalistischen Gesellschaft führten aber nicht automatisch zu einer Veränderung auf der subjektiven Ebene. Um den Ansprüchen ihrer gesellschaftlichen Rolle als Lohnarbeiter gerecht zu werden, haben die Individuen nicht bloß ihre

Arbeitskraft in den kapitalistischen Produktionsprozeß eingebracht, sie haben auch eine große psychische Leistung in Form aktiver Sinngebung erbracht. Diese Sinngebung heftete sich an die zwar kleiner werdenden, aber immer noch vorhandenen Arbeitsinhalte der Lohnarbeit, an die mit der Lohnarbeit häufig verbundene Übernahme von Verantwortung, an die Möglichkeiten der Kooperation und darüber hinausgehender Kommunikation im Arbeitsprozeß, sie war verbunden mit dem Stolz auf Leistung, auf die Qualität des erbrachten Produktes, auf den »guten Namen« des Hauses, das die Lohnarbeiter beschäftigte.

Nun hat nicht nur der objektive Prozeß der Veränderung der Arbeit und der Verminderung der gesellschaftlich notwendigen Arbeit stattgefunden, sondern auch ein subjektiver Prozeß, in dem kreative Arbeit eine enorme Aufwertung erfahren hat. Die gewerkschaftliche und gesellschaftliche Diskussion über die Arbeit hat die Ansprüche an die Lohnarbeit insgesamt höhergeschraubt. Dadurch haben die seltenen kreativen und in der Disposition über die Ausführung der Arbeit eher autonomen Berufe eine hohe Aufwertung erfahren, während die bloß ausführenden Berufe, dic die übergroße Mehrheit der Arbeitsplätze darstellen, stark abgewertet wurden. Die Normalität der Lohnarbeit wird also durch einen objektiven und subjektiven Veränderungsprozeß zerstört.

Für die Mehrzahl der Jugendlichen muß Lohnarbeit nur sein, um die für den Konsum gebrauchten Güter herzustellen, mehr nicht. Sie selbst verrichten Lohnarbeit, um Geld zu verdienen und Konsumgüter kaufen zu können. Ihre Arbeitsorientierung ist in der Mehrzahl der Fälle auf die instrumentelle Orientierung reduziert; zumindest dominiert der instrumentelle Bezug bei weitem den expressiven. Es wird nicht geleugnet, daß Lohnarbeit auch Befriedigung geben kann, aber nicht die konkrete Lohnarbeit, die die

Jugendlichen in der Regel ausführen müssen. Sie fühlen sich als »Rädchen« in einem gesamtgesellschaftlichen Prozeß, mit einer so geringen Bedeutung für das Ganze des Prozesses, daß sie kaum eine Identifikation erlaubt.

Die Vorstellungen der protestantischen Ethik über Beruflichkeit sind durch einen gesellschaftlichen Diskussionsprozeß gesteigert worden, der das Leitbild einer kreativen oder sozial nützlichen Arbeit hervorgebracht hat. Und sie werden darüber hinaus durch die Forderungen akzentuiert, die sich aus dem Bedürfnis nach Selbstverwirklichung ergeben. Angesichts dieser Ansprüche an Lohnarbeit ist aber Selbstverwirklichung über Lohnarbeit nur dann möglich, wenn die Lohnarbeit Identifikationsmöglichkeiten bietet: Die Voraussetzungen dafür sind eine relative Autonomie der Arbeit, Dispositionsspielräume in der Arbeit, Ansätze zur Selbstbestimmung in der konkreten Ausführung der Arbeit. Dies trifft jedoch nur in einer kleinen Zahl von Fällen zu; in künstlerischen Berufen, journalistischer Arbeit, Berufen mit künstlerischen Aspekten wie zum Beispiel Fotograf, Berufen mit hoher wissenschaftlicher Qualifikation und entsprechenden Dispositionsmöglichkeiten wie Hochschullehrer und Entwicklungsingenieur und natürlich auch Berufen mit hoher technisch-wissenschaftlicher Qualifikation wie Computerexperte. Da die gesellschaftliche Nützlichkeit von Arbeit eine ähnliche Aufwertung erfahren hat wie die Kreativität, kommen dazu noch viele helfende Berufe. Nur eine Minderheit kann aber die beschriebenen Berufe ergreifen und von ihrer Ausübung leben. Für die übrigen, und das heißt für die große Mehrzahl, bleibt die ordinäre Lohnarbeit, die die früher gegebenen Identifikationsmöglichkeiten unter den heutigen Umständen nicht mehr bietet.

Das stellt die Jugendlichen vor die schwierige Aufgabe der Berufswahl. Alle Berufe stehen virtuell zur Verfügung.

Als realistische Möglichkeit gibt es jedoch für viele, wahrscheinlich die meisten, den Beruf als Berufung nicht. Es bleibt oft eine Phase, in der sie noch einen Beruf suchen, in dem sie sich selbst verwirklichen können. Da es kein gesichertes Wissen über die Perspektiven eines Berufs mehr gibt, der ein ganzes Leben beibehalten werden kann, können die Jugendlichen nur »ausprobieren« und sich vor Festlegungen hüten. Sie wissen in der Regel, was Festlegungen bedeuten und verweigern sich gegenüber den normalen Ansprüchen, die die Berufsarbeit mit sich bringt. Auch hier wird deutlich, wie sehr die tendenzielle Zerstörung der Normalität ein zugleich objektiver und subjektiver Prozeß ist.

Dieser Prozeß ändert nichts an der Notwendigkeit der Lohnarbeit, aber der Zwang zur Lohnarbeit wird nun nicht mehr verinnerlicht, er wird als äußerlich gesetzter begriffen und in ein entsprechendes Verhalten umgesetzt. Auf den Zwang zur Lohnarbeit reagieren die Jugendlichen – zumindest die vielen männlichen Jugendlichen, die keine praktische Möglichkeit zur Identifikation mit einem ausgeübten Beruf erlangen – mit Unterwerfung und Verweigerung, aber nicht mit der Verinnerlichung des Zwangs. Dadurch unterscheiden sie sich von den vorhergehenden Generationen. Die Distanzierung von der Lohnarbeit zeigt sich bei den Jugendlichen unter anderem in der meist illusionslosen Analyse ihrer eigenen Lage und enthält ein kritisches Potential. Sie hat aber auch die Funktion, Lohnarbeit erträglich zu machen. Wenn Identifizierung nicht mehr möglich ist, bleibt nur noch die Distanzierung. Psychische Energie, die von der Lohnarbeit abgezogen wird, wird frei für anderes.

Aus dieser Situation ergeben sich notwendig Widersprüche. Widersprüche zwischen den durch die gesellschaftliche Veränderung des Anspruchsniveaus gestiegenen Konsuminteressen und der Möglichkeit zu ihrer Realisierung, Widersprüche aber auch zwischen den in den gesellschaftlichen Institutionen noch verankerten Normen der Normalität von Lohnarbeit und Lohnarbeiteridentität und den neuen kulturellen Normen, die sich aus der Suche nach Selbstverwirklichung entwickeln. Diese Widersprüche führen auf der Ebene des Individuums und der Familie zu erheblichen Konflikten: Konflikten zwischen den Eltern und den Jugendlichen, in denen aber die Eltern häufig durch die Hinweise der Jugendlichen auf ihre geringen realen Lohnarbeitsmöglichkeiten entwaffnet werden; Konflikten aber auch in den Individuen selbst zwischen ihren Konsuminteressen und den realen Möglichkeiten, diese zu befriedigen. Nicht nur die Möglichkeiten einer beruflichen Karriere sind häufig sehr gering; selbst wenn sie durchaus gegeben sind, sehen die Jugendlichen dank ihrer kritischen Fähigkeiten meist sehr genau, welche negativen Veränderungen die Übernahme einer Berufsrolle mit sich bringen kann. Sie erkennen, daß die Hoffnung und der Anspruch auf die Entfaltung einer reichen und allseitig ausgebildeten Individualität nicht mit der Übernahme einer Berufsrolle im tradierten Sinne vereinbar sind. Früher war diese Erkenntnis nicht vorhanden, der Konflikt stellte sich nicht ein, oder erst, wenn es zu spät war, wenn aus dem Jugendlichen ein Lohnarbeiter mit langer Berufserfahrung und bitterer Enttäuschung geworden war, wenn das Individuum resigniert, sich mit der gesellschaftlichen Wirklichkeit abgefunden hatte. Heute ergibt sich jedoch aus dem Widerspruch zwischen veränderten Ansprüchen und Erwartungen und den begrenzten Realisierungsmöglichkeiten ein Konfliktpotential, das wahrscheinlich in den kommenden Jahren noch zunehmen wird. Allerdings ist es zweifelhaft, ob es sich politisch äußern wird, denn die sozialen Bedingungen des Widerspruchs und die Art ihrer Ansprüche verweisen die Jugendlichen eher auf lebensweltliche, ja individuelle Bereiche, in denen sie Chancen zur Verwirklichung ihrer Ziele haben.

Wie gehen aber dann die Jugendlichen mit ordinärer Lohnarbeit um, auf die sie sich angesichts der Notwendigkeit, Geld zu verdienen, und angesichts ihrer Konsuminteressen doch einlassen? Sie müssen, wie gesagt, ein psychisches Arrangement finden. Es wird ein Kompromiß eingegangen. Wenn Selbstverwirklichung über Lohnarbeit unmöglich ist, dann – so die Jugendlichen – »wollen wir wenigstens Spaß haben bei der Arbeit«. Wenn sie sich schon in das Unvermeidliche fügen müssen, dann gilt es, die Lohnarbeit so angenehm wie möglich zu gestalten. »Spaß haben« ist der Topos, in dem sich diese Kompromißbildung zeigt. Einen wichtigen Hinweis auf die Quelle des Spaßes, der gesucht wird, gibt schon die Formulierung des Anspruchs: Der Spaß wird nämlich nicht »in der Arbeit« gesucht, sondern »bei der Arbeit«. Der Inhalt der Arbeit, die Lohnarbeit selbst, macht in aller Regel keinen Spaß. In einem Auto Kabel verlegen, kann vielleicht einem Bastler, der dies ein-, zweimal im Jahr tut, Spaß machen. Täglich 278 Kabel, davon die Hälfte mit Hitzeschutzschlauch, verlegen, das macht keinen Spaß, kann gar keinen Spaß machen. Das erwartet auch niemand. Es wird getan, weil es dafür Geld gibt, und aus sonst keinem anderen Grund. Kreative Bedürfnisse können dann nur noch außerhalb der Lohnarbeit verwirklicht werden – und wenn es beim Autobasteln sein sollte.

Also *bei* der Lohnarbeit wollen sie Spaß haben, weil sie *in* der Lohnarbeit selbst keinen Spaß und keine Möglichkeiten zur Identifikation finden. Wenn die Lohnarbeit in seltenen Fällen solche Möglichkeiten doch bietet, dann wird nicht Spaß gefordert, sondern Ernst, nämlich Chancen zur Selbstverwirklichung, die Spaß machen kann, aber nicht muß. Der Spaß steht nicht im Mittelpunkt des Interesses.

Der Ausdruck »wenigstens Spaß« zeigt deutlich den Kompromißcharakter der Ansprüche, die an die ordinäre Lohnarbeit gestellt werden; sie betreffen ihre Form, also vor allem ihren kooperativen Charakter. Viele Unternehmer haben einen Teil der Probleme erkannt, was sich darin zeigt, daß sie Kommunikation auch dann gestatten, sogar manchmal fördern, wenn die Kooperation selbst eigentlich nur noch über die »Maschinerie« vermittelt ist.

»Spaß haben« bedeutet für viele Jugendliche, daß sie während und neben der eigentlichen Lohnarbeit Bedürfnisse befriedigen wollen, die sie auch im Alltag außerhalb der Lohnarbeit zu verwirklichen suchen. An erster Stelle steht das Bedürfnis nach Kommunikation, die kommunikative Bewältigung des Notwendigen. Aber nicht nur die kommunikative Grundhaltung, auch die Neigung zum Spielerischen wird in die Lohnarbeit mit eingebracht. Beides kann zu einer tendenziellen Auflösung der Zeitdisziplin führen.

Die Allgemeinheit des Problems zeigt sich in der internationalen Verbreitung des Topos »Spaß« in dem beschriebenen Sinn. Der belgische Soziologe Paul Grell (1985) hat in einer Untersuchung im französischsprachigen Kanada die Soziobiographien von Arbeitslosen und prekär Beschäftigten analysiert. Er stellte fest, daß die Zentralität des Betriebes (und damit der Lohnarbeit) in eine Krise geraten ist und daß es ein neues Verhältnis von Arbeit und Nicht-Arbeit gibt. Wenn die Interviewten ihr Verhältnis zur Arbeit beschreiben, benutzen sie sehr oft den Begriff »Spaß«, und zwar genau in dem definierten Sinn. Da aber das Französische kein Wort hat, mit dem das Wort »Spaß« eineindeutig übersetzt werden könnte, die Interviewten jedoch exakt das sagen wollten, was der Begriff »Spaß« ausdrückt; da sie zudem über eine zweite Sprache verfügen, die diesen Begriff kennt, benutzten sie den englischen Ausdruck und sagten:

»Je veux avoir du *fun* pendant que je travaille.« Lohnarbeit verrichten sie nur gelegentlich, wenn es unumgänglich ist, um ihr Leben zu fristen; dann allerdings wollen sie Spaß dabei haben. Im übrigen suchen sie ihre Existenznotwendigkeiten und ihre Selbstverwirklichungsbedürfnisse außerhalb der offiziellen Sphäre der Lohnarbeit zu befriedigen, einer zum Beispiel, indem er die Tätigkeit des Friseurs mit der des Gesprächstherapeuten verbindet, beide in der Form der sogenannten Schwarzarbeit.

Die Idee der Selbstverwirklichung durch den Beruf wird also durch die objektive und subjektive Entwicklung, durch den Wandel und die Veränderung der Individuen, tendenziell zerstört. Selbstverwirklichung über Lohnarbeit erscheint vielen jüngeren Lohnarbeitern nicht mehr möglich, Lohnarbeit wird als Gegensatz zur Selbstverwirklichung begriffen und kritisiert. Diese Kritik nimmt den Beruf als Berufung so ernst, daß sie die protestantische Ethik und die gesellschaftliche Wirklichkeit des Kapitalismus potentiell transzendiert. Es sind also die in der kapitalistischen Wirklichkeit und in der protestantischen Ethik angelegten Entwicklungstendenzen und Motivationen, die in ihrer Entfaltung zu ihrer Selbstüberschreitung führen. Die bislang herrschende Normalität von Lohnarbeit trägt in sich selbst die Tendenz zu ihrer Auflösung. Es gibt weitere Ansprüche, die sich aus dem neuen kulturellen Modell für das Verhältnis der Jugendlichen zur Lohnarbeit ergeben. Der Wunsch nach Selbstverwirklichung wird bei vielen zum Wunsch nach Selbstbestimmung in allen Bereichen des Lebens, auch in der Sphäre der Lohnarbeit. Zwar steht die Wirklichkeit der Lohnarbeit quer zu den Vorstellungen selbstbestimmter Arbeit, doch das Bedürfnis nach Selbstbestimmung wird immerhin in einigen Fällen sogar von der Arbeitgeberseite gesehen und in einem sehr beschränkten Ausmaße berücksichtigt. Es kann auch hier nicht darum gehen, die Realisierungschancen zu untersuchen, sondern den Anspruch als solchen festzustellen. Je stärker Jugendliche diesen Anspruch in die Lohnarbeit einbringen, desto schwerer fällt es ihnen, rein hierarchische Autorität zu ertragen; alle Anweisungen sollten sich in ihrem Verständnis in einem kommunikativen Prozeß legitimieren. Deshalb trifft ein kommunikativer Führungsstil bei vielen Jugendlichen auf ein positives Echo. Einige wenige Jugendliche ziehen sogar trotz der eindeutig gegebenen besseren Verdienstchancen in abhängiger Lohnarbeit die selbstbestimmte Arbeit in einer alternativen Kooperative vor.

Die Arbeitsorientierungen von jungen Frauen könnten als ein Rückzug auf Positionen des alten kulturellen Modells erscheinen. Es gibt nämlich in den Arbeitsorientierungen einen eindeutigen Unterschied zwischen Frauen und Männern. In der Vergangenheit haben sich die Frauen in der Lohnarbeit nicht »eingerichtet«; in ihrer Jugend haben sie sich vorgenommen, bis zur Heirat zu arbeiten; und wenn sie danach doch weitergearbeitet haben, haben sie sich vorgenommen, bis zum ersten Kind zu arbeiten, und so weiter. Heute hat sich ihre Perspektive radikal geändert. Sie *suchen* die Lohnarbeit, weil sie ihnen eine gewisse Autonomie verleiht – Autonomie im Verhältnis zu den Eltern und im Verhältnis zum Partner und möglichen Ehemann. Daher machen die jungen Frauen in der Regel beträchtliche Anstrengungen, um eine gewisse Beruflichkeit zu erlangen.

Die Veränderung in den Arbeitsorientierungen der Frauen stellt also keine Rückkehr zum alten kulturellen Modell dar, weil die meisten jungen Frauen die Beschränkung auf die reproduktive Rolle ablehnen, die ihnen dort zugewiesen war, und sich definitiv im Bereich der Lohnarbeit »einrichten«, der bisher vom Anspruch her Domäne der Männer war. Wenn sie in einer dauerhaften Beziehung zu einem Mann stehen, dann berichten sie über ihre Diskussionen, die sie über die Aufteilung der häuslichen Aufgaben führen. Sie bestehen darauf, weiterhin Lohnarbeit zu verrichten, wenn sie Kinder haben. Als Lösung für die sich ergebenden Probleme der Aufteilung zwischen Lohnarbeit und Hausarbeit erwägen sie häufig eine Teilzeitarbeit. Daß sich die jungen Frauen in der Lohnarbeit »einrichten«, zeigt sich auch darin, daß sie in wachsendem Ausmaß bereit sind, sich gewerkschaftlich zu organisieren. Allerdings teilen sie mit den jungen Männern die kommunikative Kultur, was sich zum Beispiel darin ausdrückt, daß auch die jungen Frauen in einem kommunikativen Prozeß überzeugt werden wollen, bevor sie in die Gewerkschaft eintreten. Zusammenfassend läßt sich also feststellen, daß die Arbeitsorientierungen durch den soziokulturellen Wandel erheblich verändert werden. Der instrumentelle und der expressive Bezug zur Arbeit bleiben zwar bestehen, aber sie werden gewissermaßen aufgespalten, und zwar sowohl auf verschiedene Gruppen von jungen Frauen und Männern als auch innerhalb des einzelnen Individuums. Das wie auch immer ausgewogene Verhältnis zwischen instrumentellem und expressivem Bezug zur Lohnarbeit wird tendenziell zerstört, an seine Stelle tritt meist die Dominanz des einen oder anderen Bezugs.

Eine Minderheit findet eine Annäherung an den Traumberuf, wird also versuchen, sich in der beruflichen Arbeit selbst zu verwirklichen. Bei ihnen wird der instrumentelle Bezug, der zuvor die Verausgabung in der Lohnarbeit begrenzte, in der subjektiven Bedeutung stark zurückgestellt. Diese jungen Fotografen, Computerfachleute und Sozialarbeiter – um nur einige Beispiele zu nennen – arbeiten tendenziell ohne jede Rücksicht auf gewerkschaftlich mit viel Mühe durchgesetzte Arbeitszeitregelungen und kämpfen auch nicht vorrangig um bessere Löhne und Gehälter. Was sie interessiert, ist die Selbstverwirklichung in der beruflichen Arbeit, und das bestimmt ihr Verhältnis zu dieser Arbeit.

Die Mehrheit dagegen, die keine Chance hat, in ihrem Traumberuf zu arbeiten, verrichtet irgendeine Lohnarbeit, um ihre Existenz mit so wenig Aufwand wie möglich zu sichern. Der instrumentelle Bezug dominiert eindeutig ihr Verhältnis zur Lohnarbeit. Selbstverständlich haben sie auch arbeitsinhaltliche Interessen; da sie aber meist keine Chancen sehen, sie in die Lohnarbeit einzubringen, verlagern sie sie auf den Bereich der Nicht-Arbeitszeit. Vor allem das Interesse an Selbstverwirklichung, das den expressiven Bezug zur beruflichen Arbeit prägen könnte, wird fast ausschließlich in der Nicht-Arbeitszeit verfolgt.

Gewiß sind diese Veränderungen hier idealtypisch dargestellt worden. In keinem Individuum vollzieht sich eine solche Aufspaltung durchaus vorhandener Interessen so glatt, wie es in dieser Darstellung erscheinen mag; es finden Konflikte um diese Veränderungen herum statt. Aber auch früher war die idealtypische individuelle Balance zwischen instrumentellem und expressivem Bezug erstens eine Leistung des Individuums, zweitens individuell unterschiedlich immer wieder einmal gestört, und sie gelang drittens auch nicht jedem Individuum; sie war aber die gesellschaftliche Norm, an der fast jeder sein persönliches Verhältnis zur Lohnarbeit in irgendeiner Form ausrichtete.

Ein solches annähernd ausgewogenes Verhältnis gibt es heute bei Jugendlichen nur noch in seltenen Fällen, und dies ist die – auf der Erscheinungsebene – gewichtigste Veränderung der Arbeitsorientierungen. Das Wesen der Veränderungen sehe ich in der neuen Form der Selbstbezüglichkeit der Individuen begründet: Jegliches Handeln wird daraufhin geprüft, was es für die eigenen Entwicklungsprozesse, was es für die Selbstverwirklichung bedeutet. Wenn Lohnarbeit bei dieser Prüfung »durchfällt«, dann bleibt eben nur ein rein oder ein vorwiegend instrumenteller Bezug zu ihr übrig. – In dieser Prüfung der beruflichen oder sonstigen Möglichkeiten zeigt sich im übrigen ein von vielen Beobachtern festgestellter »Realismus« der jungen Frauen und Männer; sie wollen sich nicht durch vage Hoffnungen täuschen lassen, wollen sich keine Illusionen über vielleicht doch zu verwirklichende Ansprüche machen, wollen nicht die gleichen Lebenskrisen wie ihre Eltern erleben, die nach Jahrzehnten erkennen mußten, daß der gewählte Beruf doch nicht der inneren Berufung entspricht, und ähnliches mehr. Sie wissen auch viel zu gut, welche Möglichkeiten eine Berufsrolle bietet, mit welchen Kompromissen sie notwendig verbunden ist, und wollen, auch weil sie an ihren Idealen stärker, vor allem aber anders festhalten als ihre Eltern, diese Kompromisse nicht eingehen.

4.2 Eine neue Lebensorientierung

Der Wandel der Arbeitsorientierungen drückt etwas aus, das weit über den Bereich der Arbeitsorientierungen hinausgeht. Im alten kulturellen Modell hatte die Arbeitsorientierung eine so zentrale Bedeutung, weil die berufliche Arbeit für das Leben überhaupt eine zentrale Rolle spielte; zwar war das ganze Leben dem Imperativ der methodischen Lebensführung unterworfen, aber in den Nicht-Arbeitsbereichen waren Abweichungen eher gestattet, konnte ein Moment der Fantasie eher integriert oder als nicht-integrierbar zugelassen werden. Aber nur am Erfolg der beruflichen Arbeit ließ sich die Bewährung sowohl im Sinne der religiösen wie der säkularisierten Ethik ablesen; er konnte gewissermaßen in Heller und Pfennig nachgezählt werden.

Da das Leben ganz auf den künftigen Erfolg – auf das

»Paradies« im Jenseits oder im zukünftigen Diesseits – ausgerichtet und die berufliche Arbeit das Mittel zu diesem Zweck war, beherrschte sie das Denken und Handeln der Menschen meist weit über den Bereich der Berufsarbeit hinaus. Es fand eine eigentümliche und, wie ich meine, charakteristische Zweck-Mittel-Verkehrung statt: Der Zweck rechtfertigte jeden einzelnen Schritt der Lebenspraxis, blieb aber als zukünftiger auf eigenartige Weise unerreichbar. Der Einzelkapitalist zum Beispiel, der mit Erfolg »wirtschaftete«, kam damit zwar seinem vielleicht ursprünglich gesetzten Ziel eines großen Kapitals immer näher, zugleich veränderte sich aber sein Ziel, das heißt die Zielvorstellung wurde ebenfalls »größer«, und blieb damit selbst weiterhin in einer sich entfernenden oder gleich fernen Zukunft. Ähnliches gilt für den Lohnarbeiter, dessen Reproduktionsbedingungen ohnehin statischer sind; aber auch in seinem Fall verschoben sich die Zielvorstellungen mit jedem erreichten Stand neu. War eine in seinem Sinn keineswegs angemessene, aber doch höhere Befriedigung des Lohninteresses durchgesetzt, zeigte sich oft die Verletzung seiner Interessen auf anderen Gebieten deutlicher, vor allem auf dem der Erhaltung der Arbeitskraft. Kurz, durch die Nicht-Erreichbarkeit des Zwecks, der allen Annäherungen zum Trotz immer fern blieb, verkehrte sich die Zweck-Mittel-Relation, das Mittel gewann die Überhand und wurde lebensbestimmend. Gerade die Annäherungen an den Zweck hielten diese Struktur aufrecht, denn sie rechtfertigten die weiteren Bemühungen, den Zweck doch noch zu erreichen und verdeckten die gleichzeitige Entfernung des Zwecks in die Zukunft. Das Mittel wurde so zum Selbstzweck.

Nebenbei sei bemerkt, daß eine ähnliche Zweck-Mittel-Verkehrung in der leninistischen und später stalinistischen Praxis der Arbeiterbewegung stattfand, und zwar sowohl in der politischen Praxis der entsprechenden Parteien in den kapitalistischen Ländern wie in den Staaten, die sich sozialistische nannten. Das zeigt auch, wie wenig sie sich von dem eigentlich bekämpften Gesellschaftsmodell des Kapitalismus gelöst hatten.

Der Zweck, der ursprünglich dem Leben seinen Sinn gegeben hatte, trat in seiner Bedeutung zurück, nun gab das Mittel dem Leben seinen Sinn. Wie sehr dies im Leben des einzelnen Lohnarbeiters zutraf, hat immer wieder der Einbruch von Wirtschaftskrisen in der für den Lohnarbeiter härtesten Form, der Arbeitslosigkeit, belegt. Alle sozialwissenschaftlichen Untersuchungen von der Zeit der Weltwirtschaftskrise bis heute, die sich mit der subjektiven Verarbeitung von Arbeitslosigkeit beschäftigen, zeigen – von den *Arbeitslosen von Marienthal* (Jahoda 1933/1975) bis zu meiner Studie über *Arbeiterbewußtsein in der Wirtschaftskrise* (Zoll 1981 und 1984a) –, daß der plötzliche Wegfall der Lohnarbeit die Betroffenen nicht nur in eine Existenzkrise, sondern auch in eine Sinnkrise stürzt. Arbeitslose fallen in ein »Zeitloch«, sie wissen mit sich selbst und ihrem Leben nichts mehr anzufangen, sie haben die größte Mühe, mit dieser Situation »fertigzuwerden«.

Die Krise dieses Lebensmodells zeigt aber auch, wie sehr es ein männliches war. Die Träger seiner immanenten Zweckbestimmung wie auch der Zweck-Mittel-Verkehrung waren die Männer; die Frauen waren im Kern dieses Modells nur als Ausnahme, als Minderheit geduldet; ihnen wurde die Rolle von Trägerinnen der Reproduktion zugewiesen, womit zugleich andere Sinngebungen für ihr Leben verbunden waren, die den anthropologischen Grundlagen des Menschen notwendig weniger entfremdet waren als die der Männer. Die Krise des alten kulturellen Modells ist zugleich eine Krise des mit diesem Modell verbundenen Begriffs von Männlichkeit und der entsprechenden Praxis.

Konsequenz der Krise ist unter anderem, daß an die Stelle

der Arbeitsorientierung eine neue Orientierung tritt, die ich in einem vorsichtigen Zugriff »Lebensorientierung« nennen will. Nicht, daß es keine Arbeitsorientierung mehr gäbe, nur hat sie ihre zentrale Bedeutung für die Lebenspraxis der Menschen verloren. Das gilt sogar für diejenigen, die in der beruflichen Arbeit einen Weg zur Selbstverwirklichung gefunden haben; zwar ist in diesem Fall diese Arbeit für die Lebenspraxis zentral, aber nicht als Arbeit an sich, sondern als Mittel zur Selbstverwirklichung. Wieweit hier erneut eine Zweck-Mittel-Verkehrung stattfinden könnte, müßte erst noch abgewartet und untersucht werden. Aber eigentlich sollte dieses Verhältnis ein anderes sein, denn das Ziel, der Zweck der Selbstverwirklichung, wird nicht in einer fernen Zukunft gesucht, sondern ist der Prozeß der Selbstverwirklichung selbst.

Weil die berufliche Arbeit dem Leben seinen Sinn gab, wurden die mit ihr verbundenen praktischen Tugenden wie Fleiß, Leistungsbereitschaft und Verantwortung für den Arbeitsprozeß zu Werten an sich. Hier wird auch deutlich, daß der Wertewandeldiskurs mit seiner Hypostasierung der Werthaltungen zu Werten an sich selbst Teil des alten kulturellen Modells ist, wie sehr die vorgeblich wertfreie Wissenschaft eingebunden ist in den kulturellen Zusammenhang der Gesellschaft. Im neuen kulturellen Modell dagegen gibt es keine Werte an sich mehr, das Leben hat nicht den Sinn, den ihm die Lohnarbeit im Rahmen einer bestimmten Ethik gibt, sondern nur den, den ihm das Individuum gibt. Die Pluralisierung der Lebensstile hängt unmittelbar damit zusammen, daß viele verschiedene Formen und Inhalte des Lebens für die Individuen einen Sinn haben können. Das Gemeinsame dieser Vielfalt besteht in der selbstbezüglichen Sinngebung. Die Verbindung des Prinzips der Selbstbezüglichkeit mit den anthropologischen Voraussetzungen macht aus der Selbstverwirklichung idealiter einen lebenslangen

Prozeß. Hier erscheint mir der Einfluß des Individuationsbegriffs von C. G. Jung nicht zu leugnen. Die wahrscheinliche Filiation des Begriffes Selbstverwirklichung geht vom Entwicklungsroman der deutschen Klassik (zum Beispiel Goethes *Wilhelm Meister*) über C. G. Jung zur nordamerikanischen humanistischen Psychologie und von ihr aus in die Alltagskultur der Menschen.

Die neue Lebensorientierung bedeutet also nicht einfach die Privilegierung der Freizeit, sondern die veränderte Bewertung von Lohnarbeitszeit und Freizeit im Rahmen der Lebenszeit. Wenn die Lohnarbeit Möglichkeiten zur Selbstverwirklichung bietet, dann wird der Arbeitseifer, der der Arbeitsethik entsprach, sogar übertroffen, nur daß nicht die Lohnarbeit dem Leben einen Sinn gibt, sondern das Individuum in einer bestimmten Lohnarbeit einen Weg zur Selbstverwirklichung findet. Freizeitaktivitäten können eigentlich nicht mehr so genannt werden, denn die eigentliche Lebenszeit vieler Menschen ist heute die sogenannte Freizeit, nicht mehr die Lohnarbeitszeit. Das bedeutet eine völlige Veränderung des Verhältnisses von beruflicher Arbeit und Nichtarbeit und damit von Arbeitszeit und Nichtarbeitszeit. Diese Umkehrung drücken die jungen Frauen und Männer so aus: »Ich lebe nicht, um zu arbeiten (oft mit dem Zusatz: ›wie das meine Eltern getan haben‹), sondern arbeite, um zu leben.« Sie distanzieren sich bewußt von der Lebensorientierung ihrer Eltern, die eigentlich eine Arbeitsorientierung war.

Den Zwang zu Lohnarbeit, der in dieser Gesellschaft für die meisten Individuen besteht, empfinden viele Jugendliche als gegen das eigentliche Leben gerichtet. Lohnarbeit und Leben sind für alle die jungen Frauen und Männer, die keine Lohnarbeit gefunden haben, in der sie sich selbstverwirklichen können, fast unversöhnliche Gegensätze.

Die neue Lebensorientierung wird auch von belgischen

Jugendlichen artikuliert, die in einer Parallelstudie zu unserer Untersuchung der *Arbeitsorientierungen von Jugendlichen* (Zoll 1989) die entfremdete Existenz in der »gesellschaftlichen Maschinerie« kritisieren und auf ihrer Forderung bestehen, »ihr eigenes Leben zu leben«. Das »eigene Leben« soll nicht von den Normen und Imperativen des Lebens ihrer Eltern und des »Räderwerks der Gesellschaft« bestimmt sein. Positiv gewendet bestimmen sie das eigene Selbst als das Zentrum von Sinnerfahrung (Molitor 1991). »Das eigene Leben leben« ist gewissermaßen das Leitmotiv der neuen Lebensorientierung.

4.3 Von der Ehe zur Partnerschaft

In dem Relevanzbereich Familie sind die Veränderungen des alten Modells so augenscheinlich, daß es wohl schwerfallen dürfte, den soziokulturellen Wandel auf diesem Gebiet zu leugnen. Ein Blick auf die Statistik im Vergleich zwischen 1960 und 1990 belegt diesen Wandel nicht nur für die Bundesrepublik sehr eindrucksvoll: Die Zahl der Eheschließungen pro Jahr ist um über ein Viertel zurückgegangen, die Scheidungsrate dagegen hat sich verdoppelt. In jeder dritten Ehe setzt einer der Partner, häufig die Frau, die Scheidung durch; in den Großstädten wird sogar jede zweite Ehe geschieden. Über zwei Millionen Menschen leben in sogenannten nichtehelichen Gemeinschaften. Die Scheidungsrate ist ähnlich hoch in Belgien, Holland und Frankreich, in den nordeuropäischen Ländern ist sie sogar noch höher.

Viele Mütter oder Väter erziehen ihre Kinder allein, viele Kinder wachsen in Familien oder Partnerschaften auf, in denen nur ein Elternteil biologisch ihre Mutter oder ihr Vater ist. Die Zahl der Single-Haushalte hat geradezu dramatisch zugenommen, in vielen Großstädten sind es bis zur

Hälfte der Haushalte. Schon allein der Umstand, daß das englische Wort »Single« heute in so viele Sprachen eingedrungen ist, belegt eine bedeutsame Veränderung.

Für die Vereinigten Staaten von Amerika hat Daniel Yankelovich ähnliche Zahlen zusammengetragen: »Zu den überraschendsten Veränderungen zählt die in der Zusammensetzung der Haushalte. In den fünfzigern bestand die typische amerikanische Familie aus einem berufstätigen Vater, einer zu Hause bleibenden Mutter und einem oder mehreren Kinder; dieser Familientyp stellte 70 Prozent aller Haushalte. Das war die Norm, die gewohnte amerikanische Kernfamilie. – Es schockiert die meisten Amerikaner zu erfahren, in welchem Umfang diese Norm in einer einzigen Generation zusammengebrochen ist. Weit davon entfernt, das beherrschende Modell zu sein, stellt die ›typische amerikanische Familie‹ heute noch nicht einmal eine große Minderheit der Haushalte dar; es sind nur noch 15 Prozent der Haushalte. Es gibt heute weniger ›typische amerikanische Familien‹ als Single-Haushalte – die am schnellsten wachsende Kategorie laut Volkszählung. Single-Haushalte nahmen von 10,9 Prozent aller Haushalte im Jahr 1950 auf 23 Prozent aller Haushalte in den späten siebzigern zu« (Yankelovich 1981/XIV-XV). Von 1960 bis 1977 hat die Zahl der unverheiratet zusammenlebenden Paare sich mehr als verdoppelt, sie betrug am Ende fast eine Million Haushalte.

Die typische deutsche, europäische und nordamerikanische Familie, die Familie des alten kulturellen Modells, war die bürgerliche Kleinfamilie. Das Neue in den menschlichen Beziehungen entsteht nicht durch eine einfache Ablehnung der alten kulturellen Beziehungsmuster, also vor allem der bürgerlichen Kleinfamilie, die ja durchaus als eine von vielen Möglichkeiten weiterbesteht; es entsteht nicht durch einen radikalen Bruch, sondern durch einen dialektischen Prozeß der Aufhebung der diesen Mustern zugrundeliegenden Ideale.

Das romantische Liebesideal fand in der bürgerlichen Kleinfamilie keineswegs seine bedingungslose Verwirklichung, floß aber als subjektive Vorstellung mit in ihre Konstitution ein. Es wurde begrenzt zugelassen, mit anderen Strukturelementen, Prinzipien wie der ehelichen Treue, verbunden und dem Diktat der methodischen Lebensführung unterworfen, was natürlich ein Widerspruch in sich selbst ist.

Die Beziehungsorientierungen im alten kulturellen Modell sind außerordentlich ambivalent. Einerseits gibt es klare Rollenzuweisungen – der Mann als Ernährer der Familie, als *breadwinner,* und somit wirtschaftlich und juristisch für sie verantwortlich (Haushaltungsvorstand!), die Frau zuständig für Haushalt und Kinderaufziehen, also verantwortlich für die physische und psychische Reproduktion der Familie –, diese Rollenzuweisungen gelten als soziale Deutungsmuster im alten kulturellen Modell fast uneingeschränkt, werden aber in der Lebenspraxis, zum Beispiel durch Lohnarbeit der Frau, zumindest in Arbeiterfamilien immer wieder durchbrochen. Zugleich halten gerade viele Arbeiter das soziale Deutungsmuster dieser Rollenzuweisungen fast krampfhaft aufrecht, indem sie die Lohnarbeit der Frau als »zusätzlich« charakterisieren oder indem sie Paare, in denen beide lohnabhängig sind, als »Doppelverdiener« bezeichnen. »Doppelverdiener« werden denn auch bei Beschäftigungskrisen als erste entlassen – meist mit allgemeiner Zustimmung.

Andererseits erhält die Familie durch die Auflösung der Großfamilie und die Abspaltung der produktiven Aufgaben, also ihre Beschränkung auf reproduktive Aufgaben, den Charakter eines Refugiums in einer kalten, sachlichen Welt; die Liebesbeziehung, die idealiter zur Familiengründung führt, soll die »innerweltliche Erlösung vom Rationalen« (Weber 1922) leisten; in ihr sind scheinbar die zweckrationalen Prinzipien des Tauschs, die das Funktionieren der bürgerlichen Gesellschaft gewährleisten, außer Kraft gesetzt. Dem Partner wird das an menschlicher Zuwendung abverlangt, was dem Individuum im gesellschaftlichen Austausch naturgemäß versagt wird. Aber hier sind wie bei den Rollenzuweisungen die Widersprüche offensichtlich, denn zum einen findet durch die Rollenzuweisungen eine Unterminierung der Wechselseitigkeit der Ansprüche auf Zuwendung statt, zum anderen dringt die Tauschabstraktion über den Anspruch auf Wechselseitigkeit doch in das Reservat der Gefühle ein.

Ganz muß die Familie ihren Charakter als Refugium nicht verlieren – ihre konkrete Ausprägung hängt ja auch von den Individuen ab, die sie bilden –, denn, wie Lucien Goldmann schreibt, »im privaten Bereich der verwandtschaftlichen und freundschaftlichen Beziehungen [...] – die der ökonomischen und selbst der öffentlichen Aktivität ferner stehen – werden die menschlichen Werte der Solidarität weniger verfälscht, und obwohl der Prozeß der Verdinglichung auch hier eindringt, nimmt er doch eine viel geringere Schärfe an [...]. Das Individuum kann allenfalls im Verhältnis zu seiner Frau, seinen Kindern und seinen Freunden den menschlichen Charakter wahren« (Goldmann 1966, S. 119).

Die inneren Widersprüche treiben das Familienmodell des alten kulturellen Modells über sich hinaus. Der Prozeß der Veränderung besteht zuerst in einer Entgrenzung: Das Zweckrationale der methodischen Lebensführung wird abgelehnt, das Ideal der Liebe, die zur Kleinfamilie oder Partnerschaft führt, dagegen gesteigert, tendenziell sogar verabsolutiert. Es geht ein in Vorstellungen von Partnerschaft (Popp 1984), in der sich die Individuen selbstverwirklichen, oft sogar durch die Partnerschaft selbstverwirklichen wollen.

Die Kritik der Frauenbewegung an der Einseitigkeit der

Rollen- und Machtzuweisung in der Familie befördert diese Bewegung ebenso wie die kulturelle Kritik am Auseinanderfallen von Anspruch und Wirklichkeit. Dazu kommen die veränderten normativen Ansprüche der Frauen auf Eigenständigkeit, Berufsarbeit und Aufteilung der reproduktiven Aufgaben. So entsteht ein neues Partnerschaftsmodell, das Elemente der bürgerlichen Kleinfamilie aufnimmt, diese aber ernster nimmt als das alte kulturelle Modell und gegen dessen Traditionen es sich durchzusetzen versucht.

Der Motor dieses Moments der kulturellen Veränderungsbewegung sind eindeutig die Frauen. Auch die jungen Frauen im Sample der Untersuchung *Arbeitsorientierungen von Jugendlichen* vertreten die die Veränderung vorantreibenden Prinzipien, selbst wenn sie sich subjektiv von der Frauenbewegung distanzieren, selbst wenn sie im Hinblick auf die Betreuung der für später gewünschten eigenen Kinder vorweg Abstriche von ihren Ansprüchen machen. Aber die Bewegung ist doch eine allgemeine, die auch die Männer erfaßt, selbst wenn sie oft Mühe haben, auf ihre traditionellen Privilegien zu verzichten. Sie zielt vor allem auf die Aufhebung der faktischen Einseitigkeit des alten Familienmodells. Das Gleichheitsideal der bürgerlichen Gesellschaft wird wenigstens in diesem Bereich gegen die real existierende Ungleichheit gewandt. An die Stelle von Herrschaft und Unterwerfung, je nach Relevanzbereich auf einen Pol der Paarbeziehung verteilt, sollen nun solidarische Verhältnisse treten. Im alten Familienmodell waren sie schon keimhaft angelegt, denn – wie Horkheimer schreibt – »im Gegensatz zum öffentlichen Leben hat jedoch der Mensch in der Familie, wo die Beziehungen nicht durch den Markt vermittelt sind und sich die einzelnen nicht als Konkurrenten gegenübertreten, stets auch die Möglichkeit besessen, nicht bloß als Funktion, sondern auch als Mensch zu wirken« (Horkheimer 1970, S. 19).

Diese Möglichkeit stärker zu verwirklichen, ist das Ziel des neuen Partnerschaftsmodells. Und hier zeigt sich die innere Kohärenz des neuen kulturellen Modells: Die kommunikative Grundhaltung, das dringende Bedürfnis nach verständigungsorientierter Kommunikation, bringt – wie noch genauer zu zeigen sein wird – das Ideal der herrschaftsfreien Kommunikation als durchaus praxiswirksames Prinzip hervor; auf die Beziehungsorientierung angewandt, kann dieses Prinzip nur das Ideal einer kommunikativ sich verständigenden, solidarischen Partnerschaft begünstigen. Daß es sich bei diesen Ausführungen nicht um praxisferne Theoretisierungen handelt, belegen viele Interviewpassagen, aus denen deutlich wird, wie intensiv junge Frauen und Männer um die Anwendung der kommunikativen Regeln und um die Verwirklichung eines neuen Partnerschaftsmodells ringen. Besonders beeindruckend erschien uns in diesem Blickwinkel das Interview mit Roswitha, die die Individualität der Partner und die sich daraus notwendig ergebenden Konflikte sehr ernst nimmt:

»Eine Partnerschaft, die so harmonisch ist, daß es also keine Meinungsverschiedenheiten gibt, die kann ich mir nicht vorstellen. Oder man hat sich nichts mehr zu sagen. Dann kann man sich natürlich auch nicht streiten.«

Die Paare, die sich nichts mehr zu sagen haben, das sind für sie wahrscheinlich vor allem Menschen der älteren Generation, denn dieser Zustand tritt bekanntlich meist erst nach einigen Ehejahren ein. Es ist auch eindeutig, daß Roswitha eine solche Ehe/Partnerschaft strikt ablehnt. Die »Meinungsverschiedenheiten« schrecken sie nicht, im Gegenteil, sie will sie kommunikativ angehen:

»Konflikte lösen? Ja, indem man darüber redet, und meistens ist es ja allein durch Reden nicht getan, sondern man muß auch daraus lernen. Wenn mir das gesagt worden ist, daß das nicht so gut war, wie ich mich da verhalten hab', dann bin ich da vielleicht im ersten Augenblick nicht mit einverstanden oder merk' halt, na ja, hast natürlich recht; bin dann aber doch beleidigt. Aber man kann dazulernen und es dann halt das nächste Mal anders machen.«

Der Sinn der Verständigung ist für Roswitha nicht folgenlose verbale Kommunikation, sondern ein Lernprozeß, der partnerschaftliches Zusammenleben allemal erst ermöglicht. Konflikte werden als produktive Schritte auf dem Weg zu einer solchen Partnerschaft begriffen. Dabei gilt es, dieses Verfahren der Verständigung nicht nur rational zu befürworten, sondern in die je eigene Lebenspraxis umzusetzen. Roswitha hat durchaus Schwierigkeiten mit der Umsetzung, denn ihr Partner scheint dem neuen Partnerschaftsideal ferner zu stehen. Aber sie hält unbeirrt an diesem Ideal fest:

»Also ich kann da ohne weiteres meine Position darlegen und er seine, und ich kann das auch akzeptieren; aber trotzdem behalte ich auch meine Position und er seine. Wir ziehen da also keinen Kompromiß. Das ist dann wirklich eine Frage der Akzeptanz, ob man den anderen da anerkennt und sagt, gut, du denkst so darüber, du weißt, wie ich darüber denke, und das ist halt so.«

Über den letzten Worten Roswithas in diesem Zitat liegt ein Hauch von Trauer, von Resignation, der aber wohl mehr ihre Beziehung betrifft als das Partnerschaftsideal. Bei den Beziehungskonflikten dieser jungen Frauen und Männer spielt wohl auch eine Rolle, daß sie sich in unterschiedlichen Stadien des Übergangs vom alten zum neuen kulturellen Modell befinden. Um so beeindruckender ist das Ringen um die Durchsetzung der neuen Normen, um die Durchsetzung verständigungsorientierter Kommunikation als Alltagspraxis.

Das Prinzip der intensiven Selbstbezüglichkeit der Individuen hat durchaus zwiespältige Auswirkungen auf die neuen Beziehungsorientierungen: Einerseits begünstigt es das neue Partnerschaftsmodell, weil es, zusammen mit der kommunikativen Grundhaltung, eine kritische Auseinandersetzung des Individuums mit sich selbst und damit auch die sogenannte Beziehungsfähigkeit fördert; andererseits trägt es die Gefahr in sich, daß die Partnerschaft einseitig zum Ort der Selbstverwirklichung gemacht und damit überfordert wird.

»Liebe als Offenbarung zu zweit, als Steigerungsform des Selbst« ist zwar, wie Ulrich Beck unterstreicht (1990), wahrlich keine Erfindung des 20. Jahrhunderts, sie erhält aber angesichts der Ansprüche des Individuums auf Selbstverwirklichung eine neue Bedeutung. Selbstverwirklichung ist keine Aufgabe, die solipsistisch gelöst werden kann, sondern sie impliziert notwendig Kommunikation, Interaktion mit anderen. Das legt die Versuchung nahe, Liebe und Partnerschaft oder Eltern-Kind-Beziehungen zu idealisieren, zu hypostasieren. Diese Art der Beziehung läuft jedoch Gefahr, den anderen gerade durch die Idealisierung und durch die Überbewertung der Beziehung zu instrumentalisieren und zu mißbrauchen. Der andere wird nicht in seiner Eigentümlichkeit und Eigenständigkeit gesehen und respektiert, sondern als »falsches Ich« benutzt. Je »symmetrischer« – im Sinne von Gregory Bateson (1981) – die Beziehung ist, je mehr die Partner heimlich psychische Zwillinge sind, um so größer ist diese Gefahr. Der verständliche Widerstand des Partners dagegen, als »falsches Ich« mißbraucht zu werden, führt meist sogar zu einer weiteren Steigerung der Idealisierungstendenzen. Selbstverwirklichung durch die Partnerschaft muß diese notwendig überfordern; der Prozeß der Selbstverwirklichung kann nur halbwegs erfolgreich verlaufen, wenn das Individuum nicht am anderen haften bleibt, sondern immer wieder zum eigenen Ich zurückkehrt, den anderen in seiner Eigenständigkeit bestehen läßt.

Einige haben durch das Scheitern einer ersten längerfristigen Beziehung erkannt, wie schwierig es ist, eine Beziehung zu leben, die den hohen Ansprüchen des neuen Partnerschaftsmodells genügen soll. Ulrich, einer unserer Interviewpartner, zieht aus dem Scheitern einer solchen Beziehung den Schluß, daß er erst mit sich selbst zurechtkommen muß, bevor er erneut eine längerfristige Beziehung eingeht. In diesem Prozeß weiter vorangekommen zu sein, scheint ihm eine Voraussetzung für eine Partnerschaft. Die Schwierigkeiten, die es in seiner Beziehung gegeben hat, entdeckt er zumindest zu einem großen Teil in sich selbst. So hat er die Erfahrung gemacht, daß die Erfüllung des Wunsches nach Nähe für ihn mit zuviel Enge verbunden ist. Durch die Ansprüche seiner ehemaligen Freundin, die mit ihm ein Kind haben wollte, fühlte er sich bedrängt. Nun will er sich erst auf vielfältige Weise – in einer Gruppentherapie, in seiner Theaterarbeit und in intensiven Gruppenprozessen in der Kooperative, in der er arbeitet – mit sich selbst und seiner Rolle als Mann auseinandersetzen, bevor er sich erneut auf eine intensive partnerschaftliche Liebesbeziehung einläßt.

Selbstbezüglichkeit nimmt im neuen kulturellen Modell auch die Form einer Pflicht gegenüber sich selbst an, einer Pflicht zur Entwicklung der eigenen Möglichkeiten, einer Pflicht zur Selbstverwirklichung. Auf diese Pflicht gegenüber sich selbst wird noch zurückzukommen sein. So paradox es klingen mag, gerade die Pflicht gegenüber sich selbst verweist notwendig auf die Anerkennung des anderen. Die Gegentendenz zur Hypostasierung der Partnerschaft ist in der Selbstbezüglichkeit der Individuen angelegt, denn sie enthält immer auch den Anspruch selbst des noch sehr jungen Individuums auf Anerkennung seiner Identität, seiner Eigenständigkeit und Eigentümlichkeit, was ja auch Voraussetzung verständigungsorientierter Kommunikation ist. Individuen, die nicht nur die eigene Eigenständigkeit und

Eigentümlichkeit behaupten, sondern konsequent und durchaus im eigenen Interesse, weil das eine ohne das andere nicht zu haben ist, auch die des anderen anerkennen und respektieren, werden auch nicht mehr im anderen suchen, was sie nur in sich selbst finden können. Damit wären in der Tat neue und bessere Grundlagen für die sozialen Beziehungen der Menschen gelegt, wenn auch der Weg dahin offenbar lang und mühevoll ist. Dennoch, je selbstbezüglicher die Individuen sind, um so größer ist tendenziell auch ihr Bedürfnis nach solidarischen, konvivialen Beziehungen im Alltag.

4.4 Neue Zeitorientierungen

Ein neues kulturelles Modell bedeutet eine veränderte Lebenspraxis und damit notwendig eine Veränderung der zeitlichen Struktur dieser Lebenspraxis. Solche Veränderungen betreffen die Aufteilung der Tageszeit, aber auch der Lebenszeit und vor allem das Verhältnis zur Zeit überhaupt; sie sind im Großen wie im Kleinen leicht festzustellen. Aus der jugendsoziologischen und -psychologischen Literatur bekannt ist die Verlängerung der Adoleszenz (und Postadoleszenz). Damit geht eine weitere Öffnung des Zeithorizonts einher. Rammstedt (1975) beschreibt den Übergang von der linearen Zeit mit geschlossener Zukunft zur linearen Zeit mit offener Zukunft, eine potentiell unendliche, offene Zukunft, die aber in sich selbst eine Verlängerung der Gegenwart im Sinne des Fortschrittsgedankens der bürgerlichen Gesellschaft beinhaltet. Das drückt sich in der geradlinigen Zeitperspektive der Normalbiographie, am deutlichsten im Karrieregedanken, aus; in ihr ist nämlich der berufliche Aufstieg des Kindes fast zwingend vorgesehen: Der Sohn des Angelernten wird Facharbeiter, der des Facharbeiters mindestens Techniker, wenn nicht Ingenieur, und die Tochter der Lehrerin wird Ärztin. Von einer solchen Geradlinigkeit der Lebens- und damit Zeitperspektive kann nun bei den meisten Jugendlichen in unserer Studie keine Rede mehr sein. Kennzeichnend ist vielmehr eine variable Zeitperspektive: Viele Interviewte sagen, in zehn Jahren – vielleicht aber schon in fünf – würden sie gern etwas anderes machen, zum Beispiel einen anderen Beruf ausüben.

Um diese Variabilität der nicht nur beruflichen Lebensführung zu gewährleisten, müssen weitere Veränderungen der zeitlichen Lebensstruktur vorgenommen werden. Als markantestes empirisches Datum fällt das Alter von Frauen bei der Geburt des ersten Kindes auf: in der subjektiven Repräsentanz verschiebt es sich um fast zehn Jahre, faktisch zwischen dem Anfang der siebziger und dem der neunziger Jahre in der Bundesrepublik bereits um mehrere Jahre. Es ist mit der Unsicherheit der materiellen Existenz und der Logik des Ausprobierens nicht vereinbar, durch ein Kind mit seinen regelmäßigen Bedürfnissen an eine feste Zeitstruktur gebunden zu werden. Natürlich wirft diese Beobachtung die – hier nicht beantwortbare – Frage auf, ob sich eine solche feste Zeitstruktur nicht dann, wenn ein Kind da ist, also bei den Dreißigjährigen, doch durchsetzt, weil sie von der Fürsorge für ein kleines Kind erzwungen wird.

Eigentlich geht es aber bei dem Wandel des Zeitmusters um etwas anderes: Nicht die Möglichkeit fester Zeitstrukturen wird ausgeschlossen, sondern ihre Unwandelbarkeit. Berufliche Karrieren und Partnerschaften werden nicht mehr von vornherein als unabänderliche, das Leben als Ganzes bestimmende Entscheidungen begriffen. Man legt sich fest, aber nicht mehr auf »ewig«, sondern für eine gewisse Zeit.

Diese Variabilität des Lebenszeithorizonts schließt keineswegs relativ feste Zeitstrukturierungen im Alltag aus.

Aber es handelt sich gegenüber den »normalen« Zeitstrukturen dieser Gesellschaft zunächst einmal um eine Destrukturierung (vgl. dazu Cavalli u. a. 1985, Cavalli 1988), denn es findet eine Auflösung und Neubestimmung dieser Strukturen – und zwar sowohl der alltäglichen wie der des Lebenslaufs – im Sinne des neuen kulturellen Modells statt. Die Neubestimmung der alltäglichen Zeitstrukturen wird im folgenden zunächst anhand eines Falles, anhand einer Interview-Interpretation und ihres Resümees, beispielhaft dargestellt. Peter, der zum Zeitpunkt des Interviews 23 Jahre alt ist, wuchs als Einzelkind bei seiner Mutter auf. Seine Eltern hatten sich nach seiner Geburt scheiden lassen. Nach dem Abschluß der Realschule wollte Peter den Beruf des Werkstattprüfers erlernen. Da er jedoch keinen Ausbildungsplatz fand, machte er auf Anraten des Arbeitsamtes eine Lehre als Molkereifachmann. Nach Beendigung der Lehre arbeitete er etwa ein Jahr in seinem Ausbildungsbetrieb, bis er zum Zivildienst eingezogen wurde, den er in der Altenpflege ableistete. Im Anschluß an den Zivildienst wurde er nochmals für einige Monate von seinem Ausbildungsbetrieb beschäftigt und dann wegen Arbeitsmangels entlassen.

In der Schilderung seiner Arbeit in einer Molkerei fällt auf, wie sehr Peter sein »Hoffen« auf den Feierabend betont und um die Reduktion der Überstunden kämpft. Er weiß, daß es ihm tarifvertraglich zusteht, sie »abzubummeln«, aber das »wird einem nicht zugestanden«, er mußte es sich »einfach nehmen«; das bedeutet, er mußte sich kundig machen, um seine Rechte zu kennen und sie durchzusetzen. Er kämpfte um die Erhaltung der freien Zeit außerhalb der Lohnarbeit.

Im Vordergrund steht für Peter dabei die Zeit am Abend, weil sie die Möglichkeit für soziale Kontakte – mit seiner Freundin, mit seiner *peer-group*, aber auch im Rahmen einer

Friedensinitiative – bietet. Er bezeichnet das frühe Aufstehen, das die extrem frühen Molkereiarbeitszeiten erfordern, als »Mord«, um auszudrücken, daß ihm durch die Form der Arbeitszeit Gewalt angetan wird. Die Art, wie er um relativ kleine Zeitabschnitte, um Minuten, ringt, zeigt, daß er seine Eigenzeit nicht in das starre Schema der Molkereiarbeitszeit pressen lassen will. Sein Rhythmus ist durch die sozialen Kontakte am Abend bestimmt und daher gegenläufig zu den ihn betreffenden Lohnarbeitszeiten.

Freizeit ist für Peter etwas Lebendiges, Arbeitszeit etwas Totes. Arbeiten morgens um sechs Uhr ist für ihn Mord, abends nach neun Uhr beginnt für ihn das Leben. Es gibt Millionen von Menschen, die in Schichtarbeit arbeiten, die also vor sechs Uhr morgens aufstehen und zum Teil auch schon so früh arbeiten müssen, Menschen, die sich auf die zeitlichen Bedingungen der Lohnarbeit einstellen und früh schlafen gehen, deren Leben also von der Arbeit bestimmt wird. Auf den Gedanken, das Leben durch die Arbeit bestimmen zu lassen, kommt Peter nicht. Das Leben, sein Leben, muß die Arbeitszeiten bestimmen.

Die Arbeitszeit war für ihn eine leere Zeit, jetzt füllt er den Tag mit Aktivitäten wie Frühstücken in der Arbeitsloseninitiative, Öffentlichkeitsarbeit, Friedensinitiative und so weiter aus. Es sind sinnvolle Tätigkeiten, das heißt, er gibt dieser Zeit, die ihm ohne diese Handlungen sinnlos erscheint, einen Sinn. Aber den Tag behandelt er, trotz aller sinnvollen Tätigkeiten, eher als ein Zwischenstadium, das zu überbrücken ist; das eigentliche Leben beginnt am Abend. Deshalb übernimmt er auch Aktivitäten für die Friedensinitiative, die er am Vormittag erledigen kann, damit er Zeit für den Abend hat, an dem er »Leute« sehen will.

Die gemeinsame soziale Zeit ist für Peter durch das Lohnarbeitsverhältnis derart habitualisiert, daß ihr Muster auch da nicht durchbrochen wird, wo die Möglichkeit dazu bestünde. Wenn »man« sich trifft, dann zu der Zeit, die diese Gesellschaft dafür im allgemeinen zur Verfügung hält, und das ist abends, nach der »Arbeitszeit«. Auch wenn Arbeitslose, abstrakt gesprochen, den ganzen Tag zur »freien« Verfügung haben, gibt ihnen doch das gesellschaftlich habitualisierte Zeitmuster den Rahmen der Zeit vor, in der das »eigentliche«, das selbstbestimmte Leben anfängt. Die Spaltung in Arbeitszeit und Freizeit ist bereits derart tief in den Alltag eingedrungen, daß ihre Geltung sich auch da noch bemerkbar macht, den Alltag auch da noch strukturiert, wo marginalisierte Individuen – hier Arbeitslose – vom Zwang zur Arbeit selbst zwangsweise »freigesetzt« sind.

Bedeutsam erscheint auch, daß alle Aktivitäten, die Peter zur Strukturierung seiner Zeit am Tage entwickelt, in einem inneren Zusammenhang zu seiner eigentlichen Lebenszeit, dem Abend, stehen. Alle Aktivitäten, sowohl die des Abends wie die am Tage, gehören nämlich in den Bereich der »neuen kommunikativen Kultur«. Im Rahmen dieser neuen Kultur stehen an erster Stelle die sozialen Bezüge, die Peter in verschiedenen Formen sucht und pflegt. Um diesen kommunikativen Kern einer neuen Lebenswelt herum gruppieren sich dann Spiele und kreative Aktivitäten (u. a. Volkshochschulkurse für Kochen und Zeichnen), aber auch das Engagement in gesellschaftspolitischen Bewegungen, die jedoch in einem besonderen Zusammenhang mit dieser kommunikativen Kultur stehen müssen. Das trifft zweifellos in hohem Maße auf die Friedensbewegung, aber auch in bestimmtem Maße für die Arbeitsloseninitiativen zu. Die aktiven Zeitstrukturierungen, die Peter vornimmt, sind vorrangig von der neuen kommunikativen Kultur geprägt. Allerdings verwendet er Elemente dieser Kultur (die Arbeitslosentreffs) auch, um die Leere der Arbeitslosenzeit, wie sie in der klassischen Untersuchung über die Arbeitslosen von Marienthal beschrieben wurde, zu füllen. Einerseits gibt es eine im Sinne dieser kommunikativen Kultur »natürliche« Strukturierung seiner Zeit, andererseits funktionalisiert Peter die Angebote zur Zeitstrukturierung, die in den Rahmen der kommunikativen Kultur hineinpassen, zur Füllung der Tageszeit, weil er Angst vor der Leere der Arbeitslosenzeit hat – der Leere der Zeit, die früher Arbeitszeit war. Aber diese Leere ist nicht, wie für Beschäftigte mit der traditionellen Lohnarbeiteridentität, durch das Fehlen sinnvoller Arbeit bedingt, sondern durch die Abwesenheit von sozialen Kontakten. Die lebensweltliche Strukturierung seiner eigentlichen Lebens-Zeit, der Abende, ist durch die Arbeitslosigkeit nicht gefährdet; sie bleibt unverändert erhalten. Gegenüber der Lohnarbeits-Zeit früher und der Arbeitslosigkeits-Zeit jetzt hat die Lebens-Zeit am Abend auf jeden Fall Vorrang. Das unterstreicht die Bedeutung, die diese Lebenswelt für Peter hat, und zeigt, daß die Lohnarbeitszeit zweitrangig ist.

Wesentliches Problem der Strukturierung seiner Zeit war zuvor das Bedürfnis, den Bereich der Lohnarbeit nicht übergreifen zu lassen auf den Bereich des »Lebens«; das Problem hat er jetzt, da er arbeitslos ist, nicht mehr. Nun will er selbstverständlich auch nicht, daß neue zeitstrukturierende Aktivitäten des Tages auf die Lebenszeit am Abend übergreifen. Umgekehrt greifen aber die Aktivitäten des Abends auf den Tag über, obwohl dies aufgrund ihrer inneren Struktur *(peer-group)* nur beschränkt möglich ist. Da die Lebenswelt Peters und seiner Freunde in ihrer zeitlichen Struktur noch wesentlich von der Zweiteilung des Tages in Lohnarbeitszeit und Lebenszeit bestimmt ist, kann er diese Zweiteilung, nachdem er arbeitslos geworden ist, nicht völlig durchbrechen.

Fast allen Aussagen Peters ist eine Neubestimmung der Lebenszeit immanent – Lebenszeit hier begriffen als Zeit des »eigentlichen« Lebens. Während für ältere Lohnarbeiter und frühere Lohnarbeitergenerationen diese Lebenszeit meist mit der Zeit der Lohnarbeit identisch war, treffen wir bei Peter und in seiner Generation auf einen Prozeß der Distanzierung von der Lohnarbeit, über dessen Reichweite noch nichts Endgültiges gesagt werden kann. Immerhin ist die Neubestimmung der Lebenszeit bei Peter lebensweltlich schon so verankert, daß die intersubjektiven Konflikte über Zeitstrukturierung wesentlich der Verteidigung der neu bestimmten Lebenszeit dienen und die innersubjektiven Auseinandersetzungen mit Zeit vorrangig die Strukturierung der Zeit der Lohnarbeit und der Arbeitslosigkeit betreffen.

Peters Neubestimmung der Lebenszeit ist im Zusammenhang mit seiner Distanzierung von der Lohnarbeit zu sehen. Nicht nur die Tatsache, daß er einen ungeliebten Beruf ausübt, bewirkt bei ihm die Veränderung der Bedeutung, die er den einzelnen Zeitabschnitten des Tages zumißt; die Arbeitszeit rückt überhaupt aus dem Zentrum seiner Zeiterfahrung. Das zeigt sich auch darin, daß er die Neubestimmung der Lebenszeit während der Arbeitslosigkeit beibehält.

Die Veränderungen im Umgang mit Zeit sind jedoch umfassender und vielfältiger, als es das Beispiel Peter darzulegen vermag. Eine Distanz zur beruflichen Arbeit ist wahrscheinlich heute bei der Mehrheit der jungen Männer vorhanden. Eine Minderheit jedoch findet in der Lohnarbeit Chancen der Selbstverwirklichung. In diesem Fall werden die in gewerkschaftlichen Kämpfen durchgesetzten zeitlichen Schranken des Arbeitstages leichten Fußes überschritten, also – oft sogar unbezahlte – Überstunden geleistet. Die Mehrheit, die solche Chancen der Selbstverwirklichung in der Arbeit nicht findet, ist nicht nur kollektiven Arbeitszeitverkürzungen gegenüber positiv eingestellt, sie nimmt sogar individuell weitere Arbeitszeitverkürzungen in Form von Fehlzeiten vor.

So lockert sich bei vielen Jugendlichen in einem für Ältere erschreckenden Ausmaß die Zeitdisziplin. Schon der langwierige Kommunikationsprozeß bis zum abendlichen Treffen einer Freundesclique, der *peer-group*, zeigt einen großzügigen Umgang mit Zeit. Diese Großzügigkeit betrifft aber nicht nur die Zeit der Nicht-Arbeit, die Zeit der Kommunikation, die Zeit des Spielens, sie betrifft ebenso die Zeit der Arbeit, wenn es sich um Arbeit in einem Traum-Beruf oder um Nicht-Lohnarbeit handelt. Jegliche Arbeit, die Chancen zur Selbstverwirklichung bietet, führt zu einem ebenso großzügigen, das heißt nicht-zweckgerichteten Umgang mit Zeit wie in der Nicht-Arbeits-Zeit Kommunikation und Spielen. Es erscheint hier ebenfalls ein neues Muster, das sich radikal vom Zeitmuster des alten kulturellen Modells unterscheidet. Die Interpretation des Interviews mit Peter ist ein Beispiel für die Neu-Aufteilung der Tageszeit, die wesentlich auf eine Veränderung des Verhältnisses der Zeiten für Lohn- und Reproduktionsarbeit und sogenannter Freizeit hinausläuft. Eine weitere Dimension der Umorientierung ist die Veränderung der Zeiten des Lebenslaufs: An die Stelle der Kontinuität und Rigidität der Normalbiographie tritt eine neue Variabilität, treten Brüche, Moratorien und Neuanfänge. Der institutionalisierte Lebenslauf wird de-institutionalisiert, er wird flexibilisiert (Balbo 1991). Ein Beispiel gibt das Interview mit Jan, einem jungen Facharbeiter und Vertrauensmann seiner Gewerkschaft (Zoll 1989). Jan arbeitete zum Interviewzeitpunkt auf der Werft, auf der er auch seinen Beruf gelernt hatte. Er ist Sohn und Enkel eines Werftarbeiters, führt also eine lange Familientradition weiter. Als engagierter Gewerkschafter setzt er sich intensiv mit den Problemen von Auszubildenden auseinander, die wegen drohender Arbeitslosigkeit ihre

Lehre abbrechen wollen. Nach langen Ausführungen über diese Aktivitäten erklärt er dem verdutzten Interviewer, daß er überlege, ob er nicht seinen Facharbeiterberuf aufgeben und ein Studium beginnen soll. Und nach dem eigentlichen Interview erfährt der Sozialforscher noch, daß Jan im nächsten Jahr wieder nach Ägypten fahren will, nicht nur für eine Urlaubsreise wie im Jahr zuvor, sondern für ein halbes Jahr, also für diese Zeit auch seine Berufspraxis und sein Engagement in der Gewerkschaft unterbrechen wird. Der Bruch mit der traditionellen Berufsbiographie und auch Gewerkschaftsbiographie ist eindeutig.

Ein anderes Beispiel finden wir in der Biographie einer jungen Bürokauffrau, die schon während des letzten Jahres ihrer Ausbildung ahnt, daß dieser Beruf nicht der richtige für sie ist. Die Berufspraxis als Bürokauffrau bestätigt ihre Ahnung, aber sie bricht sie nicht sogleich ab, um ihren Ausstieg durch finanzielle Rücklagen besser vorzubereiten. Dann aber macht sie eine zweijährige Weltreise, während der sie mehrfach kleine Jobs übernehmen muß, weil ihre Rücklagen nicht ausreichen. Dabei lernt sie ein Kunsthandwerk kennen, das ihr so sehr gefällt, daß sie nach ihrer Rückkehr ihren Beruf aufgibt, sich selbständig macht und dieses Kunsthandwerk ausübt. Sie erklärt, nun den für sie richtigen Beruf gefunden zu haben.

Ähnlich strategisch geht Rudi, den wir in der Untersuchung *Arbeitslose und Gewerkschaft* (Zoll 1991) kennengelernt haben, mit dem Ausstieg aus dem gelernten Beruf um. Er hat in einer Werft eine Ausbildung als Schlosser gemacht, weil ihm sein Vater und seine Familie mit Nachdruck dazu geraten haben. Der Vater wollte damit seine für ihn positive Berufsbiographie und -erfahrung weitergeben, also auch ein Stück Normalbiographie erhalten. Rudi wollte eigentlich eine weiterführende Schule besuchen, behauptete sich aber nicht gegenüber den elterlichen Ratschlägen. Als er nach etwa zwei Jahren Ausbildung sicher weiß, daß er den Schlosserberuf nicht sein ganzes Leben lang ausüben will, bricht er die Lehre dennoch nicht ab, weil er sich überlegt, daß er nach einer Berufstätigkeit als Schlosser Anspruch auf Arbeitslosengeld und damit bessere Chancen für ein von den Eltern unabhängiges Leben hat. Bei seiner Strategie kommt ihm eine Krankheit zustatten, deren psychosomatische Konnotationen bekannt und auch Rudi nicht verborgen geblieben sind, Asthma. Nach vielen Anfällen, Krankschreibungen und einer Kur wird er schließlich für berufsunfähig erklärt. Die Phase der Arbeitslosigkeit wird, obwohl er sie einkalkuliert hat, doch zu einer bitteren Erfahrung für ihn. Aber schließlich kann er sie durch eine selbstgewählte, vom Arbeitsamt geförderte Umschulung zum Beschäftigungstherapeuten beenden. Rudi hat seinen Weg gefunden. Ob diese zweite, nun eigene Berufswahl von allen Betroffenen das ganze Leben beibehalten wird, ist jetzt noch nicht abzusehen. Sicher wird sie in einigen Fällen nochmals revidiert werden.

Die Neuaufteilung der Tageszeit und die Veränderung des Lebenslaufs sind Ausdruck eines insgesamt veränderten Verhältnisses zur Zeit. Die Individuen des neuen kulturellen Modells wollen die Gegenwart intensiv leben, sie lehnen es ab, sie für eine ihnen ungewiß erscheinende Zukunft zu opfern. Genau dies war aber ein wesentliches Merkmal des alten kulturellen Modells: Die Individuen akzeptierten, daß die Gegenwart aus Mühsal und Arbeit bestand, weil sie an eine »bessere Zeit« in der Zukunft glaubten. Ob diese »bessere Zeit« erst im außerirdischen Jenseits oder in einem gesellschaftlichen Jenseits, ob sie in der eigenen Zukunft, dem Pensionsalter, oder in der Zukunft der Kinder lag, spielte für die zeitliche Grundstruktur – das Opfer der Gegenwart – keine Rolle. Die bekannteste Formulierung dieses Opfers, die wahrscheinlich jeder schon einmal gehört hat, projiziert die »bessere Zeit« in die Zukunft der Nachkommen: »Meine Kinder sollen es einmal besser haben als ich!«

Die junge Generation dagegen verdichtet die Ablehnung des Opfers der Gegenwart in Sätzen wie: »Ich lebe nicht, um zu arbeiten«, »...mein Leben soll nicht bloß Arbeiten sein, mein Leben soll auch Leben sein« (Zoll 1991). Die neue Zeitorientierung wird auch von belgischen Jugendlichen thematisiert, die in der Parallelstudie immer wieder leitmotivhaft darauf bestehen, »ihr eigenes Leben zu leben« (Molitor 1991). Ganz so wie die jungen deutschen Frauen und Männer, die »nicht so wie unsere Eltern« leben wollen (Zoll 1989). Im Grunde ist die neue Zeitorientierung bereits in dem Schritt von der Ethik der Selbstverleugnung zur Ethik der Selbstverwirklichung enthalten, der den soziokulturellen Wandel im Kern charakterisiert.

Das neue Verhältnis zur Zeit verdichtet sich in zwei Forderungen: Zum einen soll die Eigenzeit, die jedes Lebewesen besitzt (Ewers 1991), stärker respektiert und nicht dem Zwangszeitregime der Lohnarbeit geopfert werden, was etwa Peter in seinen Ausführungen zum frühen Arbeitszeitbeginn in der Molkerei deutlich sagt; zum anderen wollen die Individuen mehr Zeit für sich. »Zeit für sich« ist zum ersten die Zeit der direkten oder indirekten – über die Kommunikation mit anderen vermittelte – Auseinandersetzung des Individuums mit sich selbst; zum zweiten ist »Zeit für sich« Muße, also durchaus Zeit für Müßiggang, aber auch Zeit für oft kreative Aktivitäten; zum dritten ist »Zeit für sich« jede Zeit, in der sich das Individuum selbstverwirklicht, was für die Prototypen des neuen kulturellen Modells, die wir in unserer Untersuchung angetroffen haben, zugleich eine Zeit ist, in der sie sich »wohlfühlen«. Das kann in bestimmten Fällen sogar die Zeit der Lohnarbeit sein, wenn es denn eine ist, die das Individuum selbst gewählt hat, in der es sich wohlfühlt und in der es sich selbstverwirklicht. Die Forderung nach Zeit für sich ist zugleich eine Kritik an der entfremdeten Zeit der Lohnarbeit im allgemeinen.

Kurt drückt die Forderung nach Respektierung der Eigenzeit und implizit eine Kritik an der entfremdeten Zeit der Lohnarbeit aus, indem er eine andere rhythmische Organisation der Arbeit durchzusetzen versucht:

»Das mag ich sowieso unheimlich gern, mal wirklich einen Schlag ranhauen, damit das fertig wird und dann dafür mal 'ne Viertelstunde hinsetzen und gar nichts machen.«

Die Arbeitszeit wird von Kurt als eine leere, vertane Zeit begriffen, als enteignete Zeit, gegen die er die Pause als eigene Zeit setzt. Freie Zeit ist dann eine Zeit zum »gar nichts machen« oder »klönen« und »spielen«. Es handelt sich also um eine Strategie der Zeitaneignung, die im radikalen Widerspruch zum protestantischen Zeitmuster (Neumann 1988) mit seiner Kontinuität der Leistung und seiner Zeitdisziplin steht. Folgerichtig entwickelt Kurt auch eine Kritik am allgemeinen Umgang mit der Zeit bei der Lohnarbeit:

»Da ist irgendwo immer der Druck dahinter. Und wenn der Chef in der Tür erscheint, dann wetzen alle ganz aufgeregt hin und her und schnappen sich irgendeinen Zettel (Lachen).«

Die älteren Lohnarbeiter simulieren Leistung, weil sie den Leistungsdruck – und das heißt auch immer die protestantische Zeitdisziplin – verinnerlicht haben. Die Umorientierung besteht also unter anderem darin, daß die Jugendlichen die Zeitdisziplin nicht mehr verinnerlichen.

Bernd, ein junger Arbeitsloser aus der Untersuchung *Arbeitslose und Gewerkschaft*, drückt die Forderung nach Zeit für sich und die Ablehnung der fremdbestimmten Zeit der Lohnarbeit folgendermaßen aus:

»Das meint' ich ja, was ich da mit, durch die Arbeit hasse, also daß man so viel verpaßt, nich'. Man hat nichts von seinem Leben, ja.

Glaub', wenn Arbeit so wär', von morgens viertel vor acht oder sieben bis eins, zwei, das wär' noch korrekt irgendwie, nich'. Dann hätt' man wenigstens den Nachmittag noch 'n bißchen, nich'. Aber so, was soll das, wenn ich acht Stunden arbeite oder so, nich'. Ist für mich irgendwie kein ..., ich schaff' in sechs Stunden genausoviel wie in acht. So seh ich das auch irgendwie, nich'.«

Bernd haßt es, Lebenszeit zu verpassen. Er will nicht sein »Leben lang irgend'nen Beruf machen«, weil das für ihn verlorene Zeit, verlorenes Leben wäre. Dagegen wäre er in seinem Traumberuf als Sozialpädagoge – möglichst in einem Jugendzentrum – bereit, »das ja auch durchzuziehen mit den Überstunden und so«; wenn er sich in einem Beruf selbstverwirklichen könnte, würde auch die Zeit keine Rolle spielen, denn sie wäre dann Zeit für ihn, Zeit für sich.

Die Forderung nach Zeit für sich und nach der Respektierung der Eigenzeiten beinhaltet eine Kritik am linearen Zeitsystem, das die heutige Gesellschaft prägt. Die Eigenzeiten der Menschen haben im Grunde einen zyklischen Charakter – schon weil die Zyklizität Eigenschaft der menschlichen Physis ist und dies wahrscheinlich auch andere Bereiche seiner wie auch immer gesellschaftlich überformten »Natur« prägt. Die Rückbesinnung auf den zyklischen Charakter der Eigenzeit, auf die stets vorhandenen und nie völlig aufgehobenen Rhythmen unseres Lebens, ist eine der Komponenten der Kritik am Rationalismus und der Rationalisierung der Lebenswelt und des Lebens überhaupt, zu der auch die Durchsetzung des linearen Zeitsystems gehört (vgl. Richter 1991).

Voraussetzung für die Durchsetzung des Zeitmusters des alten kulturellen Modells war die Durchsetzung der linearen Zeit gegen die zyklische Zeit, die in den Gesellschaften vor dem Industriekapitalismus dominierte. Die Zyklizität bezieht sich zunächst auf die Zyklen der Naturprozesse, in die die Menschen eingebunden sind und auch heute noch trotz ihres gigantischen Versuchs zur Lösung aus dem Naturzusammenhang eingebunden bleiben. Aber auch die gesellschaftlichen Prozesse entwickeln sich in den vorindustriekapitalistischen Gesellschaften in Zeitrhythmen, die an den Zyklen der Natur orientiert waren. Erinnert sei nur an die große Bedeutung der Kalender für menschliche Tätigkeiten. Zeit wurde zwar in der Epoche des Feudalismus zunehmend aufgabenorientiert, aber die Aufgaben hatten selbst zyklischen Charakter, orientierten sich an den naturvorgegebenen Zeiten.

In dem Maße jedoch, in dem sich die Warenförmigkeit der Produkte durchsetzte und die Gesellschaften komplexer wurden, ergab sich die Notwendigkeit eines einheitlichen Maßes für unterschiedliche Handlungen, das in der linearen Zeit gefunden wurde. Die Zweckrationalität als oberstes Prinzip menschlichen Handelns durchdringt nun alle Lebensbereiche. Zeit darf nicht mehr vergeudet werden. Jegliche Verschwendung von Zeit widerspricht dem Zeitmuster des alten kulturellen Modells. Die Ausrichtung des Lebens auf einen in der Zukunft liegenden Erfolg des jetzigen Tuns, also die Durchsetzung der methodischen Lebensführung, trägt erheblich zur Durchsetzung der Linearität von Zeit bei.

Heute scheint die lineare Zeit an einem Extrempunkt ihrer Entwicklung angelangt. Die Linearität entstand dadurch, daß die zyklische Zeit eine Richtung erhielt, daß der zugleich regelmäßige und unregelmäßige Rhythmus der Zeit abgeschafft wurde, daß die Zeit zu einer gleichförmigen Bewegung wurde, deren Anfang im Dunkel liegt und deren Ende nicht absehbar ist. Trotz ihrer immer größeren Abstraktheit blieb Zeit zunächst ein Kontinuum; sie blieb eine fließende Bewegung, aus der nur tendenziell jede Unregelmäßigkeit eliminiert wurde. Nun aber wird auch der fließende Charakter der Zeit durch ihre Digitalisierung aufgehoben. Die Zeit zerfällt in Zeitfragmente, und es muß gefragt werden, ob diese Fragmentierung der Zeit nicht zugleich ihre Zerstörung ist.

»Die Bedrohung der Zeit durch ihre Zerstückelung äußert sich in den Subjekten als Krise der Zeiterfahrung. Sie äußert sich aber auch als Krise der Identität« (Zoll 1988). In vielen der für diese Untersuchung geführten Gespräche wird deutlich, daß die Jugendlichen versuchen, dem starren Gerüst des protestantischen Zeitmusters zu entrinnen; daß sie einen anderen Umgang mit der Zeit versuchen, selbst in einigen Bereichen, vor allem in der Lohnarbeit, in denen das kaum möglich erscheint.

Zugleich wird an den Beispielen deutlich, daß zyklische Zeitstrukturen gewissermaßen wiederentdeckt werden: Kurts Wunsch nach einem regelmäßig-unregelmäßigen Alternieren von Zeiten hoher Arbeitsleistung mit Pausen, Peters Rhythmisierung seines Alltags und ähnliche Zeitrhythmen der übrigen Interviewten belegen die Rückkehr von Zyklizität in der Lebenspraxis. Gewiß waren zyklische Zeitstrukturen trotz der Dominanz der linearen Zeit immer vorhanden, nur werden sie nun wieder bewußt gepflegt und als Gegengewicht zur Linearität eingesetzt. Was bislang eher Privileg einer kleinen Minderheit – wie E. P. Thompson (1980) anmerkt, von »Künstlern, Schriftstellern, Kleinbauern« – war, wird zur Forderung von vielen jungen Männern und Frauen.

Das Problem der zeitlichen Struktur ihres Lebens wird von den Jugendlichen naturgemäß weniger als eines ihrer Vergangenheit und damit ihrer bisherigen Biographie begriffen, denn als eines ihres künftigen Handelns, als eines einer gefährdeten und überhaupt erst herauszubildenden Identität. Und hier zeigt sich die Ablehnung des alten kulturellen Modells vielleicht am deutlichsten. Die Jugendlichen spüren die Gefahr, die von der Übernahme einer Berufsrolle oder einer anderen gesellschaftlichen Rolle ausgeht: daß ihre Identitätsentwicklung in für sie unannehmbarer Weise eingeengt und ihre Zukunft vorausbestimmt würde.

Die Aussage »Nicht so wie unsere Eltern!« bedeutet hier, die Zukunft offenzuhalten, sich nicht auf einen Beruf und eine bestimmte Entwicklung festzulegen, bereit zu sein, andere Berufe zu ergreifen, neue berufliche und andere Entwicklungen zuzulassen. Nur dieser Umgang mit Zukunft ist vereinbar mit der Suche nach Selbstverwirklichung. Selbstverwirklichung heißt, Identität als zu verwirklichende, als Prozeß zu begreifen. Und das bedeutet einen völlig anderen Umgang mit Zeit, als er im alten kulturellen Modell üblich, und das heißt »normal« war. Zukunft ist nun keine lineare Projektion mehr, der die Gegenwart geopfert wird. Der Prozeß der Selbstverwirklichung findet im »Hier-und-Jetzt« statt. Er ist nicht aufschiebbar. *Gratification cannot be delayed.* Aber zugleich ist der Prozeß nicht abschließbar, deshalb soll das jetzige Handeln Zukunft offenhalten, soll die Gegenwart nicht abschließen. Zukunft muß daher zwar als mögliches Handeln in die Gegenwart integriert werden; sie darf aber die Gegenwart nicht überwuchern oder gar zerstören. Zeit erhält in dieser Perspektive wieder einen dynamischen, unregelmäßigen, rhythmischen Charakter.

So werden alternative Tendenzen möglicher Entwicklung der Zeit, die ja von den Zeitorientierungen der Menschen geprägt wird, sie aber auch beeinflußt, sichtbar: zum einen die Digitalisierung der Zeit, die die Linearisierung fortsetzt und gewissermaßen vollendet; nur eine quantitativ bestimmte Bewegung kann so in ihre Bestandteile zerlegt, zerstückelt werden; die Zeitorientierung springt von einem Zeitfragment zum anderen, ist unfähig, sie zu verbinden, ihnen irgendeine Art von Kontinuität zu geben; zum anderen ein Miteinander-Gegeneinander von Linearität und Zyklizität, in dem sich die Individuen durch eine bewußte Rhythmisierung ihrer Zeit, durch die Wiederentdeckung von Eigenzeiten gegen die linearen Zeitstrukturen wehren; und zwischen diesen Extremen selbstverständlich eine Vielzahl von Zwischenstufen – ein weiterer Aspekt der Pluralisierung in unserer Gesellschaft.

5. Eine neue Ethik

Wenn das neue kulturelle Modell wirklich eine Alternative zum alten kulturellen Modell darstellt, dann muß es auch eine neue Ethik enthalten. Die bisher beschriebenen Strukturmerkmale des neuen kulturellen Modells verweisen bereits auf ein Grundprinzip, das in ihnen enthalten ist. Die Selbstverwirklichung scheint mir eine Erscheinungsform dieses Grundprinzips zu sein. Das Grundprinzip selbst ist in meiner Sicht eine neue Form der Selbstbezüglichkeit der Individuen; um mit Michel Foucault zu sprechen: Die »Sorge um sich« ändert ihre Form. Im alten kulturellen Modell gab es selbstverständlich auch eine Selbstbezüglichkeit der Individuen, nur war die Sorge um sich immer vermittelt über Verpflichtungen gegenüber anderen. Die anderen waren Gott oder die eigenen Kinder oder die Nächsten oder die ganze Gesellschaft. Erst über einen weiten Weg des Dienstes an diesen anderen gelangte das Individuum schließlich zu sich selbst, und auch das erst in einer mehr oder weniger fernen Zukunft. Der Weg war nie direkt, er war »Mühe und Arbeit«, er war oft sehr gewunden. In der religiösen Version der protestantischen Ethik fand das Individuum erst im Jenseits zu sich selbst, in der säkularisierten Version erst, wenn es bestimmte, weit entfernte oder sich immer neu entfernende Ziele erreicht hatte. Laizistisch und brutal gesprochen: Der Weg war so weit, daß sein Ende nicht zu erreichen war; das Individuum konnte eigentlich gar nicht zu sich selbst finden.

Im neuen kulturellen Modell dagegen ist der Selbstbezug direkt und unmittelbar. Der Weg zu sich selbst führt nicht über andere, scheint sie aber zu implizieren. Die Selbstverwirklichung ist zwar ein Prozeß und hat auch Ähnlichkeit mit der alten Form des Selbstbezugs in dem Sinn, daß ihr Weg lang, ja unendlich ist. Aber zugleich ist es eine Selbstbezüglichkeit, die verlangt, sich hier und jetzt zu realisieren. Die Selbstverwirklichung geschieht idealiter jeden Tag, ist aber keineswegs abgeschlossen und wahrscheinlich auch nicht abschließbar. Im Verhältnis zur Zeit wird die Differenz der beiden Formen der Sorge um sich sehr deutlich: Selbstverwirklichung verweist im alten kulturellen Modell auf die nahe oder ferne Zukunft, in der sie stattfinden wird, der also die Gegenwart geopfert werden muß; im neuen kulturellen Modell dagegen muß sie in der Gegenwart stattfinden; weil sie nicht abgeschlossen ist, wird die Zukunft als eine sich in Gegenwart verwandelnde begriffen und offengehalten.

Da Ethik immer auch ein bestimmtes Verhältnis zu sich selbst einschließt, ist damit bereits ein wichtiges Grundprinzip einer möglichen neuen Ethik formuliert. Wie aber steht es mit dem Verhältnis zu den anderen; impliziert nicht der in dieser Form der Selbstbezüglichkeit angelegte Egotismus der Individuen, impliziert nicht der »neue Individualismus« ein Konkurrenzverhalten gegenüber den anderen, wie es durchaus typisch für das alte kulturelle Modell war? Die Alternative zum Konkurrenzverhalten war und ist die Solidarität. Deshalb will ich am empirischen Material der Jugendstudie prüfen, ob Solidarität überhaupt ein Thema der Jugendlichen ist.

5.1 Von der Arbeitersolidarität zur Alltagssolidarität

Im Abschnitt über Arbeitsorientierungen habe ich über die Veränderung der Lebensperspektive von jungen Frauen berichtet, die sich heute im Gegensatz zu früher in der Lohnarbeit »einrichten«, das heißt, sie als Lebensperspektive akzeptieren. Diese veränderte Perspektive veranlaßt die jungen Frauen oft zu einer geradezu »klassischen« Auseinandersetzung mit den Problemen der Lohnarbeit, die beim Eintritt von neuen Schichten in die Arbeiterklasse immer wieder beobachtet werden kann. Der Fall der jungen Arbeiterin Irene dient mir im folgenden als idealtypisches Beispiel, um das sich beim »Einrichten« in der Lohnarbeit ergebende Problem der Arbeitersolidarität darzustellen.

»Vor allen Dingen, wenn du ganz neu irgendwo anfängst, ist erstmal, mußt du mit den Leuten klarkommen; mußt erstmal mit den Leuten warm werden. Wenn du mit denen warm geworden bist, weiß nich', dann packst das alles auch viel schneller. Vor allen Dingen, die helfen dir dann auch viel leichter, nich'. Und zeigen dir mal Kniffe, wie es schneller geht, wie das einfacher ist.«

Der Eintritt in die Fabrik, in der Irene seit wenigen Jahren arbeitet, fordert von ihr eine Anpassung an die Arbeitskolleginnen, mit denen sie »warm werden«, und an die konkrete Arbeit, die sie verrichten muß. Nach dieser Anpassungsleistung erfährt sie Solidarität; die anderen helfen ihr bei der Arbeit, sie zeigen ihr, »wie es schneller geht, wie es einfacher ist«. Die zeitliche Abfolge ist keineswegs zufällig: Erst muß Irene sich anpassen, dann erfährt sie die Solidarität der Kolleginnen. Die Solidarität wird also nicht von vornherein und bedingungslos geübt, sondern nach der Eingliederung des Individuums Irene in die Arbeitsgruppe. Irene erbringt diese Anpassungsleistung freiwillig, denn sie will auf jeden Fall einen Arbeitsplatz haben:

»Hauptsache, ich krieg' Arbeit. Ich hätt' was ganz anderes versucht zu machen – zum Beispiel Schweißer oder wat weiß ich. Wenn ich da eine Chance gekriegt hätte, hätte ich das gemacht, eiskalt. Mir wär' das ganz egal gewesen. Hauptsache Arbeit, das ist es nämlich.«

Die »Freiwilligkeit« ihrer Anpassung ist also durch die Arbeitsmarktlage bedingt, in Wirklichkeit ist sie Zwang, aber ein Zwang, den sie verinnerlicht hat. Der Zwang zur Lohnarbeit stellt sich als Freiwilligkeit der Lohnarbeiterin dar. Nicht alle Lohnabhängigen haben diesen Zwang verinnerlicht. Diese Erfahrung macht auch Irene:

»Wir haben jetzt zwei Praktikantinnen vom Arbeitsamt aus. Also – daß die das nirgends lange ausgehalten haben, ist auch kein Wunder. ›Dies kann ich nich', das kann ich nich'.‹ So geht dat natürlich auch nich', nich'. Ehrlich. Stellen sich ein bißchen zimperlich an. Ja. Merken sie auch noch. Die erziehen wir uns noch.«

Die Praktikantinnen haben keine Lust, die Leistung der Anpassung an Lohnarbeit und Arbeitsgruppe zu erbringen. Sie werden nicht von selbst »warm«. Irene hat zwar die Hoffnung, die Praktikantinnen würden »auch noch merken«, daß es »so nicht geht«. Aber sie und ihre Arbeitsgruppe verlassen sich nicht auf eine Anpassungsleistung. Sie warten nicht auf die Freiwilligkeit, sondern ersetzen sie durch »Erziehung«. Dem Interviewer scheint das nicht einzuleuchten. Er fragt nach, wer denn die neu eingestellten Arbeiterinnen und Praktikantinnen erziehen soll. Irene antwortet selbstbewußt:

»Wir. Das machen wir schon. Ja, das gibt's nicht, von wegen kann ich nich' oder so. Zumindest erstmal versuchen. Und dann kann man sagen, kann ich nich', schaff' ich nich'. Nich' sagen, von vornherein, schaff' ich nich'. Gibt's nich'. Kommt gar nicht in Frage.«

Die für den Arbeitsprozeß notwendige Anpassung muß geleistet werden, freiwillig oder erzwungenermaßen. An dem Zwangscharakter läßt Irene keinen Zweifel: »Kommt gar nicht in Frage.« Der Zwang des Arbeitsmarktes, irgendein Lohnverhältnis zu akzeptieren, und der Zwang des Lohnarbeitsverhältnisses, sich dem konkreten Arbeitsprozeß anzupassen, können verinnerlicht und als »freiwillige« Leistungen des Individuums erbracht werden. Falls diese Freiwilligkeit nicht gegeben ist, übernimmt die Arbeitsgruppe im Interesse des Arbeitsprozesses, also des eigenen Funktionierens wie des Funktionierens der gesamten Produktion, die Aufgabe, die notwendige Anpassung zu erzwingen. Erst wenn die »Neuen« freiwillig oder erzwungenermaßen »warm geworden sind«, erfahren auch sie die Solidarität der Arbeitsgruppe.

Da es sich nicht um zufällige Eigenschaften handelt, sondern um Strukturen von Lohnarbeit und Arbeitersolidarität, können sie verallgemeinert werden: Die Arbeitersolidarität, die als Einschränkung der Konkurrenz der Lohnarbeiter untereinander notwendig ist, um in der »allgemeinen Konkurrenz« zwischen Kapital und Arbeit besser bestehen zu können, enthält ein Moment des Zwangs und die Möglichkeit der Beschränkung auf eine Gruppe. Historisch sind beide Momente – Zwang und Gruppenegoismus – Teil einer Entwicklung, die hier nur angedeutet werden kann. Es würde sich lohnen, sie in eingehenden Studien aufzuarbeiten. Das Problem dabei ist, daß die Arbeiterbewegung, seit sie die Solidarität als Leitidee proklamiert, die beiden sie beschränkenden Momente nicht mehr oder nur noch selten offen diskutiert.

Zur Zeit der Zünfte und der Gesellenvereine stellte sich dieses Problem noch nicht. Die Solidarität war eine der Gesellen untereinander; sie galt nicht den Außenstehenden und nur in eingeschränktem Maße den künftigen Gesellen, den Lehrlingen (Grießinger 1981). Irenes »Warm-Werden« war damals noch ein ausführliches Initiationsritual, bei dem symbolische und reale Gewalt eine wichtige Rolle spielten. Die Gesellen hatten ihre festen Regeln, auf die die Neuen feierlich eingeschworen wurden. Die Einhaltung dieser Regeln wurde sorgfältig beobachtet, Abweichungen wurden streng geahndet. Die vorgesehenen Strafen gingen vom

»Runden werfen«, wie das heute genannt würde, bis zur Anwendung körperlicher Gewalt (»Beuteln«). Die schlimmste Strafe stellte zweifellos der Ausschluß aus der Gesellengemeinschaft dar. Eine Abweichung war schon der falsche Gruß des wandernden Gesellen; sie konnte die Nichtbeteiligung an einer Umlage oder die Nichtzahlung einer Gemeinschaftsstrafe sein. Der schwerste Verstoß war jedoch der Streikbruch.

Den staatlichen Behörden, also vor allem den Magistraten der Städte, war die Eigengesetzlichkeit der Gesellenvereine ein Dorn im Auge. Sie griffen immer stärker mit Verordnungen in die Aktivitäten der Bruderschaften ein. Insbesondere bei den Gesellenstreiks versuchten sie, die Streikbrecher zu schützen und den Streiks ihre Wirksamkeit zu nehmen. Mit der Auflösung der Zünfte und dem Verbot der Gesellenvereine übernahm der Staat das Gewaltmonopol. Streiks wurden nun brutal unterdrückt.

Damit stellte sich auch gar nicht mehr die Frage, ob Gewaltanwendung der Lohnarbeiter untereinander erlaubt sei. Erst mit der Legalisierung der Gewerkschaften und dann auch des Streiks wurde das Vorgehen der Streikenden gegen Streikbrecher zum Gegenstand öffentlicher Auseinandersetzungen. Dabei waren aber die Positionen klar: Der Staat achtete auf die strikte Einhaltung des Gewaltmonopols, das heißt, jegliche körperliche Gewalt gegen Streikbrecher war und ist verboten. Die Streikenden dagegen sahen die Wirksamkeit ihres Streiks durch Streikbrecher bedroht und versuchten, mit möglichst effektiven Mitteln gegen Streikbruch vorzugehen. Dabei war in ihren Augen körperliche Gewalt gegen Streikbrecher durchaus legitim; sie beugten sich aber den Gesetzen und respektierten in der Regel das Verbot der Anwendung körperlicher Gewalt. Angesichts der Entfaltung der Staatsgewalt blieb ihnen auch keine andere Wahl.

Anders stellt sich das Problem der Gewalt gegenüber Abweichenden in Arbeitsgruppen. Während es zur Zeit der Gesellenvereine für die Gesellen völlig legitim war, Abweichungen durch »Beuteln« zu ahnden, ist es im Industriekapitalismus auch in den Augen der Lohnarbeiter selbst nicht mehr legitim, Gewalt gegen seinesgleichen anzuwenden. Trotzdem hat es sie immer gegeben. In der Frühzeit des Industriekapitalismus wurde die Gewalt der Initiationsrituale oft in Form von rituellen Scherzen wie der »Bartwichserei« fortgeführt. Heute noch kennt fast jeder Arbeiter die Rede vom »Hammer, der dann mal durch die Bude fliegt«. Insgesamt ist aber eine Entwicklung festzustellen, in der die offene Gewalt der Gesellen durch verdeckte Gewalt und schließlich durch »Erziehung« abgelöst wird. Das logische Ende dieser Entwicklung ist die Ersetzung jeglicher Form von Gewalt durch offene Formen verbaler Kommunikation. Dem steht die strukturelle Gewalt des Lohnarbeitsverhältnisses entgegen. Doch trotz des Fortbestandes der gegen sie gerichteten strukturellen Gewalt gehen die Lohnarbeiter immer mehr dazu über, gewaltfreie Kommunikation, sogar beim Streikpostenstehen, einzusetzen. Auf krisenhafte Gegentendenzen wird weiter unten eingegangen.

Das Problem der verdeckten Gewalt der Lohnarbeiter untereinander ist schwierig aufzuarbeiten, denn es unterliegt einem starken Tabu. In den fünfziger Jahren galt noch die Regel, daß allenfalls in vorsichtigen Andeutungen darüber gesprochen wurde. Schriftliche Quellen und andere Belege sind äußerst selten. Nur von der gegenseitigen Disziplinierung wird ab und zu berichtet. So zum Beispiel vom evangelischen Theologen Paul Göhre – heute würde man ihn Industriepfarrer nennen –, der 1891 eine »praktische Studie« über seine dreimonatige Tätigkeit als Fabrikarbeiter veröffentlichte. Er schreibt von einer »gegenseitigen geheimen Kontrolle«:

»Es gab unter uns besonders zwei, die sich gern einmal vor der Arbeit drückten; auf sie hatten die anderen ein besonders wachsames und scharfes Auge. Zwar sah man ihnen vieles nach; wenn sie es aber dann und wann einmal gar zu arg trieben, stellte man sie offen, ernstlich und nicht zart darüber zur Rede; das gab immer einen tüchtigen Streit.«

Das erinnert schon sehr an die »Erziehung«, von der Irene spricht. Die Disziplinierung der Lohnarbeiter war immer auch partiell Selbstdisziplinierung – sowohl des Individuums als auch der Gruppe. Die Logik des Zusammenhalts der Gruppe erforderte die Disziplinierung von Abweichlern sowohl in der Auseinandersetzung mit dem Arbeitgeber, im Streik, als auch in der Ausübung der vom Arbeitgeber gestellten Aufgaben, bei der konkreten Arbeit.

Die Logik des Zusammenhalts der Gruppe beherrschte von Anfang an die empirische Wirklichkeit der Arbeitersolidarität. Während die Idee der Arbeitersolidarität die gesamte Arbeiterklasse meinte, setzte sich real immer wieder diese Beschränkung der Solidarität auf einen Ausschnitt der Arbeiterklasse durch. Bei den Gesellen waren die Grenzen klar gezogen. Die Solidarität betraf nur die »verschworene« Gesellenschaft. Die Arbeitersolidarität beschränkte sich oft auf eine konkrete Arbeitsgruppe gegen andere Arbeitsgruppen; auf die »Gelernten« gegen die Ungelernten; auf die Männer gegen Frauen und Kinder; auf die Belegschaft eines Betriebs oder Unternehmens gegen die anderer Betriebe desselben Unternehmens oder gegen die anderer Unternehmen desselben Wirtschaftszweiges; auf die einheimischen Arbeiter gegen die ausländischen; auf die Arbeiter gegen die Angestellten; auf die Organisierten gegen die Unorganisierten; auf die Beschäftigten gegen die Arbeitslosen und so weiter.

In der Arbeiterbewegung hat es immer einen mehr oder minder offenen und intensiven Kampf gegen die Beschränkungen der Solidarität gegeben. Immer stärker setzt sich die Erkenntnis durch, die Solidarität müßte eigentlich grenzenlos und weltweit sein, und doch wird in jeder Verschärfung der Konkurrenz, in jeder Krise, erneut deutlich, daß sie es nicht ist.

Das veranlaßt zum Überdenken der Grundlagen der Solidarität: An erster Stelle steht die rationale Einsicht, daß es notwendig ist, die Konkurrenz untereinander wenigstens einzuschränken, um in der Auseinandersetzung mit dem Kapital zu bestehen und die gemeinsamen Interessen wenigstens partiell durchsetzen zu können. Aber es hat immer auch eine über diese rationale Einsicht hinausgehende, gefühlsmäßige Bindung gegeben, die der Solidarität Dauerhaftigkeit verliehen hat. Die rationale Einsicht kann nämlich wie jedes Kalkül schnell über den Haufen geworfen werden, wenn neue Faktoren zu berücksichtigen sind. So zum Beispiel entdecken oft Lohnarbeiter in Situationen der wirtschaftlichen Krise, die immer auch Verschärfungen der Konkurrenz sind, daß sie Konkurrenzvorteile besitzen, die sie schützen können und die sie deshalb ausspielen. Bei anderen wiederum wird in Krisensituationen die Angst so übermächtig, daß sie den an sich vorhandenen Willen zur Solidarität überwältigt und die Arbeiter zu »irrationalen« Handlungen veranlaßt, die ebenfalls unsolidarisch sind.

Der Solidarität kann durch einen starken politischen Willen Dauerhaftigkeit verliehen werden, aber diese politische Haltung ist oft blind für die nicht-rationale, affektive Seite von Solidarität. Was über das rationale Kalkül hinausgeht, die gefühlsmäßige Bindung, das menschliche Verstehen und Mitfühlen, das kann nur in einer geteilten Lebenspraxis entstehen. Die Arbeitsorganisation in Fabrik und Büro läßt heute häufig für solche sozialen Kontakte keine Zeit und keinen Raum mehr. Die Belegschaftskooperation, die früher ein Ort der Entstehung solidarischer Gefühle war, ist heute vielfach weitgehend über die Maschinerie vermittelt, so daß die Lohnabhängigen fast isoliert arbeiten. Die Folgen sind auch für die Arbeit selbst so negativ, daß zuweilen sogar die Arbeitgeber die Wiederzusammenführung der Arbeitsplätze betreiben.

Die geteilte Lebenspraxis kann natürlich auch außerhalb des Betriebs, in der Lebenswelt der Lohnabhängigen, stattfinden. Dies war in der Lebenswelt der Fall, die durch die Arbeiterkultur geprägt war. Nun kann aber am Ende der Arbeiterkultur kein Zweifel bestehen. Die Lebenswelt, die durch die Arbeiterkultur geprägt war, befindet sich in einem Auflösungs- und Veränderungsprozeß (Zoll 1982). Auch muß daran erinnert werden, daß diese Lebenswelt zwar eine soziale und die Arbeiterkultur eine alltagskulturelle Basis für Solidarität lieferten und beide innerhalb der Arbeiterschaft, die diese Lebenswelt teilte, keine Beschränkungen kannten – aber sie waren auf eben diese Arbeiter begrenzt. Angestellte und viele Arbeiter in anderen Bereichen, zum Beispiel der Landwirtschaft, waren ausgeschlossen. Der Ghettocharakter der Arbeiterkultur zog auch der Solidarität Grenzen.

Heute befindet sich die Arbeitersolidarität in einer Krise, weil ihr die soziale Basis geteilter Lebenspraxis im Betrieb und mehr noch in der Lebenswelt weitgehend fehlt. Vielfach droht sogar ein Rückfall in Formen der mehr oder minder verdeckten, ja sogar offenen Gewalt im Verhalten der Lohnabhängigen gegenüber Abweichlern, ob diese nun Frauen, Türken, Arbeitslose oder Jugendliche sind.

Das Problem der Gewalt gegen Frauen reicht weit über das Thema dieses Abschnitts hinaus. Die Fälle von Gewalt gegen Frauen im Betrieb scheinen vielfach Überlagerungen von sexueller Gewalt und sexistischer Gewalt gegenüber den weiblichen Eindringlingen in die angestammten Domänen der Männer zu sein (Plogstedt/Bode 1984, Beck 1986).

Noch bekannter ist der seit Beginn der Wirtschaftskrise virulent gewordene Ausländerhaß, der sich insbesondere gegen türkische Kollegen und später gegen Asylanten richtete (siehe die Darstellung des Sündenbock-Deutungsmusters in: Zoll 1984). Vor allem in den ersten Jahren hoher Arbeitslosigkeit richteten sich heftige Aggressionen gegen die Arbeitslosen selbst, denen die Schuld für ihre eigene Lage zugeschoben wurde. Alle diese Erscheinungen sind immer zugleich Tendenzen des Zerfalls von Solidarität. Weniger bekannt sind die Fälle, in denen sich die Aggressionen gegen die Jugendlichen richten. Hierunter fallen Äußerungen wie:

»Aber wie ich das heute sehe, war das damals gewaltig, was der Adolf gemacht hat. Wie der das damals gemacht hat, beispielsweise Arbeitsdienst« (aus einem Arbeiterinterview, zit. n. Geissler 1984).

Die Gewalt des Nationalsozialismus wird hier als »gewaltig« bewundert, weil sie unter anderem die Jugendlichen disziplinierte. Und schließlich zählen dazu erschreckende Vorkommnisse verdeckter Gewalt älterer Kollegen, über die Jugendliche in der Untersuchung *Arbeitsorientierungen von Jugendlichen* berichten (Zoll 1989). Frank, ein junger Vertrauensmann auf einer Werft, ist in besonderem Maße auf der Suche nach Solidarität. Er schwärmt richtig von den solidarischen Momenten, die er während einer kurzen Betriebsbesetzung beobachten konnte, und ist um so enttäuschter über das, was er im betrieblichen Alltag erlebt. Frank berichtet von einer Verschärfung der Konkurrenz der Lohnarbeiter untereinander auf den verschiedensten Ebenen: Die Kooperation der verschiedenen »Gewerke« klappt nicht mehr. Schiffbauer und Tischler zum Beispiel arbeiten nicht mehr gut zusammen, sondern versuchen, sich gegenseitig »auszutricksen«. Auch in der Betriebshierarchie arbeiten die Lohnarbeiter mit Leitungsfunktionen gegeneinander. Die Kooperation im Betrieb »ist nur noch Streß«; sie wird zum Kampf aller gegen alle. Das gewerkschaftliche Engagement der Kollegen geht stark zurück, der Skandal um die »Neue Heimat« dient oft als Vorwand. Frank versucht, gegen den Strom der Entsolidarisierung anzukämpfen, stößt aber meist auf Ablehnung.

Besonders empört ist Frank allerdings über das Verhalten älterer Kollegen, die offenbar um ihre Arbeitsplätze bangen und sich von den jüngeren Arbeitern bedroht fühlen:

»Merk' ja auch immer, was von gewissen älteren Kollegen läuft, um die jüngeren fertigzumachen. Also eiskalt, echt: Die erzählen denen irgendwelche Scheiße, wie man was machen soll, und dann macht man das so, und dann hat man das natürlich verkehrt gemacht, und dann kommen so die Sprüche: Du hast doch ausgelernt, Du weißt doch, wie das gemacht wird, und was weiß ich nicht. Und dann wird als nächstes zum Meister gelaufen, und der, und der, der kann nichts. Oder der eine Kollege, der hat früher mal mit denen gearbeitet, wo ich jetzt bin, der hat dann irgendwelche Sachen angefangen, waren dann Seiten versetzt oder was, die waren nicht bündig wie bei einer Schrankfront, nicht, waren also nicht bündig, sondern versetzt, und zwar so doll, daß man das nicht mehr optisch wegkriegen konnte ... Oh, Fritz, was hast Du da wieder gemacht; Affentheater: Und Fritz steht dann da, nicht. Das hab' ich doch gar nicht gemacht. Und dann ... Meister, komm doch mal her, guck Dir das mal an. Und der Meister kommt. Fritz, was hast Du denn da gemacht? Das hab ich doch gar nicht gemacht, das hat der gemacht. Ach, Fritz, nun hör aber auf. Ja, so läuft das da.«

Die Konkurrenz der Lohnarbeiter untereinander nimmt in diesem Beispiel die Form eines Generationenkonfliktes an. Die älteren Arbeiter wehren die Bedrohung, die für sie von den jüngeren ausgeht, mit unfairem Konkurrenzverhalten ab. Sie scheuen nicht davor zurück, die jüngeren »fertigzumachen«. Sie sind »eiskalt«, das heißt: Sie gehen ohne Gefühle, ohne menschliche Anteilnahme vor. »Eiskalt« meint auch, daß sie erstarrt sind, daß sie sich nicht rühren lassen. In der Sicht von Frank geht der Konflikt von den älteren aus, indem diese den jüngeren falsche Anweisungen geben und sie dann denunzieren. Sie benutzen ihr Wissen und ihre Arbeitserfahrung, um die jüngeren hinterlistig zu täuschen und hereinzulegen. Die älteren Lohnarbeiter verzerren intentional die Kommunikation. In den »Sprüchen«, die Frank zitiert, wie: »Du hast doch ausgelernt«, »Du weißt doch, wie das gemacht wird«, zeigt sich eine heruntergekommene Facharbeitermentalität nur noch in ihrer hämischen Funktion. Von den zwei Momenten der Solidarität – nämlich zum einen, Zwang auf den einzelnen auszuüben, damit er sich an die Gruppe anpaßt und in der Arbeitsleistung mithält; zum anderen aber, wenn er sich anpaßt, ihm auch in Notsituationen, zum Beispiel bei Krankheit, zu helfen – fällt hier die solidarische Hilfe weg. Es bleibt nur noch der Zwang, der durch ein höchst unfaires Konkurrenzverhalten noch verschärft wird. Die Denunziation zeigt deutlich das strategische Interesse an einem solchen unfairen Konkurrenzverhalten: Die jüngeren Arbeiter, deren frisches und wahrscheinlich umfangreicheres Wissen die Älteren fürchten, sollen »rausgeboxt« werden. Auf diese Art versuchen die älteren Arbeiter, ihre Arbeitsplätze zu sichern. Frank kommentiert das eben zitierte und ein weiteres Beispiel: »Das ist eine gegenseitige Erpresserei und Vetternwirtschaft, also ich seh' da schwarz für meine Zukunft.«

Was Frank erlebt und kritisiert, ist nicht nur eine einfache Verschärfung der Konkurrenz der Lohnarbeiter untereinander. Es ist auch nicht nur so, daß durch diese Konkurrenz untereinander der Konflikt zwischen den Lohnarbeitern und dem Unternehmer fast völlig aus dem Blickfeld gerät. Die Form, die die Verschärfung der Konkurrenz der Lohnarbeiter untereinander hier annimmt, nämlich Hinterlist und Denunziation, zeigt, daß ein Stück Arbeiterkultur überhaupt bedroht ist. Es ist das Kernstück der Arbeiterkultur, die Solidarität, die Grundlage jeglichen gewerkschaftlichen Handelns. Das alte Modell von Solidarität beruhte auf einem lebensweltlichen Einverständnis über die grundlegende Notwendigkeit des Zusammenhalts der Lohnabhängigen, die Notwendigkeit der Gewerkschaft und die Notwendigkeit kollektiver Interessenvertretung. Auf dieser Basis war Kommunikation zwischen den Lohnabhängigen immer möglich. Sie war noch nicht einmal in besonders intensivem Ausmaß notwendig, weil die geteilten Auffassungen eine schnelle Verständigung ermöglichten.

Die Tatsache, daß Kommunikation in vielen Fällen fast nicht mehr möglich ist, weil sie systematisch verzerrt wird, zeigt, daß es im zitierten Fall und wahrscheinlich in vielen ähnlichen Situationen ein lebensweltliches Einverständnis über Solidarität nicht mehr gibt. Mehr noch: Solidarität wird hier nicht mehr geübt. Franks Bemühen um Solidarität, durchaus auch um Solidarität im alten Verständnis, findet allenfalls bei den jüngeren Kollegen ein positives Echo. Die Älteren dagegen lassen ihn »eiskalt« auflaufen.

Frank sucht Solidarität, findet sie aber nur noch in Teilbereichen der Arbeitswelt. Was er als Individuum an alltäglicher Solidarität braucht, findet er dort überhaupt nicht, sondern in einem Motorradclub. Durch die Massenmedien erfährt er von diesem Motorradclub (»so vernünftige Freizeitgestaltung, Verkehrspolitik und Straßensicherheit und vernünftiges Fahren, richtige Klamotten, Sicherheitstraining und alle solche Dinge«), nimmt dann an einem Festival von Clubs teil und lernt andere Motorradfahrer kennen, die ihm sagen:

»So, aus der Stadt kommst Du, grüß die und die von mir. Und hat er mir so Aktionsprogramme gezeigt, was da so anlag: Feten hier, Feten da, Treffen und so und einige Sachen, die mich interessieren.

Gut, nach Hause gefahren, erstmal wieder ins Hinterstübchen gelegt, und dann meinte 'n Kollege von mir: Ei Du, Samstag ist Demo. Was für 'ne Demo? Motorrad-Demo. Was, Motorrad-Demo, wie denn, wo denn und was denn? Und warum, weshalb? Und dann hat er mir 'n Flugblatt gezeigt, so von wegen Versicherungsfragen und ja Benzinpreise und auch wieder Rillenauffräsung in der Fahrbahn, eigentlich was immer so anliegt, was als Motorradfahrer immer störend wirkt. Ja, guckst mal hin, nicht. Und dann komm ich dann dahin und da waren über tausend Leute da, nicht. Fand ich ja tierisch ... Dann bin ich da hingegangen, ja, und dann hab ich gerade so 'n Knatsch mitgekriegt, der innerhalb des Clubs war. Und ich fand das extrem faszinierend, wie die den gelöst haben, nicht. Die haben offen ... (Unterbrechung), da waren 'n paar Leute bei, schätze mal vier oder fünf, die sich so 'n bißchen abgekapselt hatten und immer nur ... Ja, und der Konflikt wurde dann so ausgetragen, daß man dann offen und ehrlich gesagt hat, was einem da gestunken hat. Und die jeweils anderen haben sich das dann immer angehört, haben sich das so überlegt und darauf geantwortet. Und das ging alles ab ohne diese persönliche Schiene, nicht. Alles ganz korrekt, ohne Anmache und ruhig, und man fand relativ schnell so zu einem Friedensschluß oder wie. Und dann lief das. Obwohl die natürlich immer noch zusammenhängen, aber die haben sich dann nicht mehr so abgekapselt. Ich fand das so Klasse, wie die das gelöst haben, daß ich mir gesagt hab', gut, da guckst du mal öfter mit hin.«

In Franks Auffassung muß Kommunikation offen, herrschaftsfrei und auf Verständigung angelegt sein. Die Lebenswelt, auf die er hier trifft und zu der er als langjähriger Motorradfahrer leichten Zugang hat, versucht offenbar, solche Kommunikationsformen zu üben. Im Gegensatz zu den Konflikten mit den älteren Kollegen im Betrieb werden Konflikte hier »offen und ehrlich«, »ohne diese persönliche Schiene«, das heißt ohne persönliche Angriffe und deshalb auch ohne persönliche Verletzungen, ausgetragen. Die Überwindung der Abkapselung der kleinen Freundesgruppe zeigt, daß die Wiederherstellung von Offenheit bewußt als Voraussetzung für Kommunikation begriffen wird. Franks Begeisterung über diese Formen der Kommunikation und Konfliktaustragung zeigt, daß er im Motorradclub findet, was er im Betrieb auf der gewerkschaftlichen Ebene vergeblich sucht.

Bemerkenswert ist die lebensweltliche Selbstverständlichkeit, mit der von Frank selbst und in seinem Motorradclub die Frage der Gleichberechtigung von Frauen behandelt wird. Der »Männersport« Motorradfahren könnte sich doch gänzlich anders auf das Verhältnis der Geschlechter zueinander auswirken. Dies ist wohl auch in vielen Motorradclubs durchaus der Fall. Frank erfährt durch eine gleichberechtigte Kommunikation mit Frauen vom sexistischen Verhalten seiner männlichen Motorradfahrer-Kollegen und kritisiert es scharf. In seinem Motorradclub ist ein Konsens über Gleichberechtigung von Mann und Frau als Vorverständnis vorhanden, deshalb bedarf es dort keiner »Grundsatzdiskussion«. Die Gleichberechtigung ist lebensweltlich verankert und muß daher nicht legitimiert werden.

Für die innere Kohärenz von Franks Haltung war es auch wichtig, feststellen zu können, daß sein Verhältnis zu Älteren nicht durch eine Art Rassismus – jung gegen alt – bestimmt ist. Er ist geradezu begeistert von der Jugendlichkeit (»unvernünftig«) der älteren Motorradfahrer. Der Gegensatz zu dem, was er mit den älteren Kollegen im Betrieb erlebt, begründet seinen Enthusiasmus. Hier gibt es für ihn keinen Generationenkonflikt, allenfalls einen Altersunterschied, und der ist Anlaß zur Bewunderung, nicht zur Kritik. Kommunikation und Interaktion in der spezifischen Lebenswelt der Motorradfahrer ermöglichen die Entstehung solidarischer Umgangsformen im Alltag. Was früher in der Arbeitswelt notwendig und selbstverständlich war, scheint nur noch in der Lebenswelt außerhalb der Lohnarbeit möglich zu sein.

Das Beispiel Franks ist kein Einzelfall. Auch Irene berichtet von der alltäglichen Solidarität in ihrer Clique, die zum Beispiel, als Irene arbeitslos war, heimlich Geld für sie sammelte und in einem Briefumschlag ohne Absender in ihren Briefkasten tat.

»Aber das eine Mal, das fand ich echt stark; also da haben sie gesammelt, Geld gesammelt. Muß man mal überlegen: sammeln Geld, schmeißen mir das mit 'nem Briefumschlag in Briefkasten rein. – Spende von guten Freunden. Echt, ich hätte die bald erschlagen, also. Irgendwie fand ich das echt toll, daß sie das gemacht haben. Aber irgendwie, weiß ich nicht...«

Irene ist gerührt von der solidarischen Handlung ihrer Freunde, zugleich aber auch geniert durch diese Hilfe, die ihr die Notlage nur noch bewußter macht.

Während Irene Solidarität auch bei der Lohnarbeit übt und erfährt (»die helfen dir dann auch viel leichter«), erlebt Frank im Betrieb den Zerfall von Solidarität. Die Krise der Normalität tritt ihm als Krise der alten Arbeitersolidarität entgegen. Während Irene diese Form der Solidarität neu entdeckt, ist es gerade das gewerkschaftliche Engagement Franks, das den Prozeß der Zerstörung der Arbeitersolidarität als Teil der Krise der Normalität einer männlich geprägten Arbeitswelt sichtbar macht. Nur außerhalb des Betriebs, vor allem im Motorradclub, ermöglichen solidarische Verkehrsformen das Überwinden von gesellschaftlichen Barrieren, die zwischen den Geschlechtern und zwischen den Generationen existieren. Die Solidarität, die Frank im Alltag seines Motorradclubs und Irene im Alltag ihrer Clique erfährt, ist Alltagssolidarität. Sie muß keineswegs auf die außerbetriebliche Sphäre beschränkt sein, sondern kann auch im Alltag des Betriebs geübt werden. Ihre Grundlage ist jedoch nicht die Gemeinsamkeit der Lohnarbeiterinteressen, sondern die alltägliche menschliche Kommunikation. Solange Arbeitersolidarität in der von der

Arbeiterkultur geprägten Lebenswelt und in der Belegschaftskooperation verankert war, war sie immer zugleich in gewissem Sinne Alltagssolidarität. Je mehr der Arbeitersolidarität jedoch dieses lebensweltliche, alltägliche Element fehlt, um so mehr verkommt sie zu einem bloßen Zusammenhalten während der jährlichen Tarifrunden, um so stärker treten ihre negativen Seiten – Gruppenzwang und Gruppenegoismus – hervor und führen zu ihrem Zerfall. Je differenzierter die Arbeitsbedingungen und die Lebenslagen der Lohnabhängigen werden, desto schwieriger ist es für sie, die Gemeinsamkeit der Lohnarbeiterinteressen zu erkennen.

Gegenüber früheren Formen von Alltagssolidarität tritt jedoch mit der neuen Form eine Veränderung ein, die wesentlich mit dem Bedeutungswandel von Kommunikation zusammenhängt. Während in jener Lebenswelt Kommunikation auf selbstverständlichen Voraussetzungen beruhte, die zum Beispiel bewirkten, daß sich die Individuen gegenseitig einen Vertrauensvorschuß gaben, der einen Ausgangspunkt für die Kommunikation darstellte, fehlen heute solche Voraussetzungen. Das macht Kommunikation viel schwieriger; sie wird mühsam, langwierig und anstrengend – für die Älteren oft ein ziellos erscheinender, zeitraubender Prozeß, auf den sie sich ungern einlassen.

Zugleich sind jedoch die Teilnehmer an der Kommunikation gerade wegen der ihr innewohnenden Schwierigkeiten anspruchsvoller geworden. Im alten kommunikativen Modell wurden Hierarchie und Autorität hingenommen oder sogar gesucht. Aussagen von Personen und Institutionen, die einen bestimmten, oft traditionell legitimierten Vertrauensvorschuß, Loyalität, genossen, wurden nicht hinterfragt. Das ist vorbei, wie ein allgemeiner Rückgang der Loyalität – hier verstanden als bestimmte normale Bindung des Gewerkschaftsmitglieds an die Gewerkschaft – belegt, den wir in unserer Untersuchung zur Krisenreaktion von Arbeitern feststellten (Zoll 1984a). Dieser durch die Wirtschaftskrise beförderte Vertrauensschwund ist Teil der Krise von Normalität, der Krise des alten kulturellen Modells.

In der neuen kommunikativen Kultur wird alles hinterfragt. Jede Aussage, jede Entscheidung muß sich in einem kommunikativen Prozeß legitimieren. Bloß hierarchische Autorität wird strikt abgelehnt; gefordert werden Glaubwürdigkeit und Authentizität. Die menschlichen Eigenschaften einer Person werden viel höher bewertet als die Rollen, deren Träger sie sein mag. Die Prinzipien dieses neuen Kommunikationsmodells entsprechen denjenigen, die Jürgen Habermas als »Ideal herrschaftsfreier Kommunikation« herausgearbeitet hat.

Der von uns festgestellte, tiefgehende soziokulturelle Wandel vollzieht sich in der Lebenswelt. Gerade weil die Kommunikation so schwierig und zugleich existentiell wichtig geworden ist, wird sie zu einer vorrangigen Lebenspraxis. Die neue Lebenswelt basiert auf der Kommunikation, wird in ihr und durch sie geschaffen.

Die Arbeitersolidarität wollte an die Stelle der Verkehrsform Konkurrenz die der Solidarität setzen, unterlag aber dabei zu vielen Begrenzungen und Einschränkungen. Ihre Basis war die rationale Einsicht der Lohnarbeiter, in der Konkurrenz nur bestehen zu können, wenn sie die Konkurrenz untereinander einschränken. Damit blieb aber die Arbeitersolidarität zugleich der Konkurrenz verhaftet.

Aus den Trümmern der Arbeitersolidarität entsteht nun die Alltagssolidarität. Ohne die Hoffnungen, die die Arbeitersolidarität weckte, ohne das Ideal, das sie entwarf, wäre die Alltagssolidarität wahrscheinlich nie entstanden. Diese hat auch noch die Aufhebung der Konkurrenz zum Ziel, aber nicht mehr als Grundlage. Ihre Basis ist das Modell der herrschaftsfreien Kommunikation. Damit hebt sie tendenziell die Begrenzungen auf, die der Arbeitersolidarität innewohnten. Sie hat einen universalistischen, entgrenzenden Charakter. Ihre Voraussetzung ist die totalisierende Tendenz des Kapitalismus, das heißt die Tendenz, sich die Totalität der Erde und die Totalität des Individuums zu unterwerfen. Diese Tendenz wird jedoch durch das Bemühen um herrschaftsfreie Kommunikation und die Praxis der Alltagssolidarität umgekehrt; die Tendenz der kapitalistischen Strukturen, sich alles zu unterwerfen, Außenwelt und Innenwelt völlig zu durchdringen, die Lebenswelt zu kolonialisieren, provoziert eine universalistische Gegentendenz von Kommunikation und Solidarität.

Diese Gegentendenz kann nur im Individuum beginnen. Die Entscheidung zum Widerstand gegen die »Kolonialisierung« muß das vereinzelte Individuum treffen. Gewiß ist das Individuum ein Produkt der gesellschaftlichen Entwicklung und damit – wie Sartre sagte – total determiniert, aber zugleich – fügte er hinzu – auch total frei, weil es sich wehren kann. Es kann die Antileistung erbringen, sich gegen die Alltagskonkurrenz und gegen die Alltagsgewalt zu stellen; es kann entscheiden, an dem »Rattenrennen« der Konkurrenz nicht mehr oder nur noch eingeschränkt teilzunehmen; es kann entscheiden, solidarisch zu handeln. Schon in dem Moment, in dem das vereinzelte Individuum beginnt, seine Freiheit zu nutzen und sich zu wehren, ist es nicht mehr allein oder vereinzelt.

Die Universalität der Alltagssolidarität beginnt gewissermaßen auf der Straße. Heute liegen bemerkenswert viele Zeugnisse der Alltagssolidarität vor. Den Erkenntnisprozeß, der zu ihr führt, zeigt uns die bereits zitierte Interviewstelle, in der Kurt von zwei Fällen berichtet, wie jemand auf der Straße verprügelt wird. Im ersten Fall traut er sich nicht, »dazwischenzugehen«, hat Angst, erlebt sich selbst als ohnmächtig und passiv. Dann aber erkennt er: »Ich kann auch mal in die Situation kommen, und dann brauch' auch ich die Hilfe von irgend jemand.« Gerade der Selbstbezug, der »neue Individualismus«, ermöglicht ihm die Überwindung der individualistischen Beschränkung; im zweiten Fall »ist er gleich hingegangen«, »geht er dazwischen«.

Der »neue Individualismus« ist Ausdruck der existentiellen Situation des Individuums, das sich so oder so entscheiden kann. Er enthält also die Möglichkeit der Entscheidung für Alltagssolidarität und damit auch eine neue Basis für kollektives Handeln. Falls es eine Erneuerung der Gewerkschaftsbewegung geben sollte, so wird sie von den »neuen Individualisten«, von den gewerkschaftlichen Minderheiten, den Frauen, den Angestellten, den Jugendlichen ausgehen und sich in solidarischem Denken und Handeln im Alltag, also im Wohnbereich und im Betrieb ausdrücken. Sie wird die Grenzen zwischen sozialen Gruppen und zum Beispiel auch zwischen Gewerkschaften als alter sozialer Bewegung und den neuen sozialen Bewegungen überwinden. Ansätze dafür gibt es viele.

5.2 Von der Kommunikation zur Diskurs-Ethik

Wenn wir die empirischen Befunde des Projekts *Arbeitsorientierungen von Jugendlichen* zum Thema Kommunikation, die ich in den Abschnitten über die kommunikative Grundhaltung und über die Alltagssolidarität, aber auch als Nebenmotiv in anderen Abschnitten umrissen habe, auf ihre moralischen Implikationen hin anschauen, stellen wir eine erstaunliche Konvergenz mit den Grundthesen der Diskurs-Ethik fest. Im Gegensatz zu anderen Relevanzbereichen kann ja kaum angenommen werden, daß die noch junge philosophische und sozialwissenschaftliche Diskussion über die Letztbegründung einer neuen Ethik eine so weite Verbreitung erlangt hat, daß sie Eingang in die Orientierungen und Weltbilder Jugendlicher gefunden hat. Es ist hier nicht der Ort, Vermutungen über den inneren Zusammenhang dieser Entwicklungen anzustellen. Aber es ist doch wichtig, diese Konvergenz von empirisch festzustellenden ethischen Orientierungen und von Tendenzen der theoretischen Ethik-Diskussion festzuhalten.

Zunächst scheint das Grundprinzip des neuen kulturellen Modells, die neue Selbstreferentialität der Individuen, einer solchen Konvergenz zu widersprechen und eher eine Rückkehr zu frühbürgerlichen, liberalen Grundsätzen nahezulegen. Das Individuum der Frühphase der bürgerlichen Gesellschaft und das des neuen kulturellen Modells haben eines gemeinsam, das Auf-sich-selbst-angewiesen-Sein des Individuums; aber während der Pionier des Bürgertums sich mutig in die Konkurrenz stürzte, macht das Rattenrennen, wie es in den USA genannt wird, den neuen Individualisten meist gar keinen Spaß. Außerdem waren die »Pioniere« sicher eine Minderheit und meist Unternehmer, während schon in der Frühzeit des Kapitalismus die Lohnarbeiter in der Regel einsehen mußten, daß sie sich alleine nicht gegenüber dem Kapital behaupten konnten. Die kollektive Vertretung ihrer Interessen liegt zwar nicht außerhalb der Möglichkeiten der neuen Individualisten, scheint ihnen aber ferner zu sein, so daß sie erst nach mühsamen diskursiven Prozessen den Weg zu kollektiven Organisationsformen finden. Abgesehen von dem Umstand, daß der Individualismus heute in der Regel keine eigene Wahl, sondern eine durch den Individualisierungsschub erzeugte Zwangslage ist, hat auch der Selbstbezug eine völlig andere Bedeutung, denn er ist vor allem nach innen gerichtet, bezieht sich mehr oder minder direkt auf Seele und Körper des Individuums, was sich auch in der neuen Psychokultur und Körperkultur zeigt. Zwar ist dieser Selbstbezug nicht an sich selbst egoistisch, aber die Variante des Egoismus ist durch ihn keineswegs ausgeschlossen. Es ist unbestreitbar, daß zumindest eine Minderheit, nachdem sie erkannt hat, daß die Strategie der Selbstverleugnung, wie sie ihnen meist von ihren Eltern vorgelebt wird oder wurde, für sie nicht erstrebenswert ist und daß sie ein Recht auf Glück oder zumindest Glücksstreben hat, das Ziel unmittelbarer Triebbefriedigung auf eine durchaus egoistische Weise verfolgt. Ob sich diese Strategie durchhalten läßt, ist fraglich, steht aber hier nicht zur Debatte.

Was genauer betrachtet werden muß, sind die ethischen Implikationen der neuen Form des Selbstbezugs. Wie auch von anderen Autoren, vor allem Daniel Yankelovich und Ulrich Beck, konstatiert, stellt sich in dieser Perspektive der Selbstbezug der neuen Individualisten als eine Pflicht gegenüber sich selbst dar. Die Individuen denken, unterstützt von in den USA und zum Teil auch in Europa einflußreichen Richtungen der Psychologie, daß sie die Pflicht haben, zu sich selbst zu finden, ihre Anlagen zu entwickeln, ihre Triebe nicht zu unterdrücken, die in ihnen vorhandenen Fähigkeiten und Gaben zu entdecken und zu pflegen. Das zielt auf den ganzen Menschen, kann aber doch mal mehr die körperlichen und mal mehr die geistigen oder seelischen Anlagen und Bedürfnisse betreffen, oft auch deshalb, weil zuvor eine Seite vernachlässigt wurde. Nun könnte die These aufgestellt werden, die ethischen Konsequenzen seien verheerend, weil individualistisch, aber dagegen steht die Tatsache, daß diese neuen Individualisten menschliche Nähe und Alltagssolidarität suchen. Wahrscheinlich ist es gerade die mit der Individualisierung einhergehende Isolierung, ja Vereinsamung, die das Bedürfnis nach authentischen Beziehungen so dringlich macht.

In anderen Worten: Nicht nur das Verhältnis des Individuums zu sich selbst wird reformuliert, sondern auch das des Individuums zur Gesellschaft. Der Mensch bleibt selbstverständlich trotz der Individualisierung ein gesellschaftliches Wesen, ja die Vereinzelung und das Auf-sich-selbst-angewiesen-Sein des Menschen verstärken das Bedürfnis nach Sozialität. Wie stark das Bedürfnis nach neuen Formen der Vergemeinschaftung ist, zeigt die extrem hohe Bedeutung der *peer-group* für die Jugendlichen. Dieser Aspekt des neuen kulturellen Modells wurde in unserer Untersuchung der *Arbeitsorientierungen von Jugendlichen* leider nicht genügend herausgearbeitet, aber schon ein flüchtiger Blick auf das empirische Material zeigt, daß die weitaus meisten Interviewten in solchen Freundescliquen leben. Einige thematisieren sogar den Zusammenhalt, die Auflösung und die Erneuerung der Freundeskreise. Darüber hinaus haben englische Sozialforscher mehrfach auf die hohe Bedeutung der *peer-groups* für die Jugendlichen hingewiesen.

Nun wissen wir nicht, wie sich diese *peer-groups* nach der wie weit auch immer verlängerten Postadoleszenz entwikkeln. Wir können hier nur wieder auf die nordamerikanischen Verhältnisse rekurrieren und stellen fest, daß die ausgesprochenen Individualisten, die die Nordamerikaner nach ihrem Selbstverständnis sind, trotzdem eine Unzahl von mehr oder minder verfestigten Gemeinschaften geschaffen haben (Bellah et al. 1983). Vor allem scheint dort wie auch in Westeuropa die Bedeutung informeller Netzwerke stark zuzunehmen. Diese neuen Formen der Vergemeinschaftung können wahrscheinlich als Schritt in einem Prozeß der Auflösung organischer, meist traditioneller Formen und der Neuschaffung selbstgewählter Gemeinschaften gesehen werden. Sie würden in dieser Hypothese den neuen Formen der Paarbeziehung auf der ersten Ebene sozialer Aggregation entsprechen.

Es ist unabweisbar, daß Netzwerke wie Partnerschaften

Regeln des Verhaltens, des Umgangs miteinander, kurz, eine Ethik benötigen. Gerade in der Ablehnung überkommener Formen, z. B. der bürgerlichen Vereinsform bei den Netzwerken, der bürgerlichen Kleinfamilie bei den Partnerschaften – manchmal werden die alten Formen zwar widerwillig übernommen, aber anders gefüllt – zeigt sich die Suche nach einem neuen Modell. Auf dieser Suche entwickeln oder finden die neuen Individualisten eigentümlicherweise zumindest die elementaren Normen der Diskurs-Ethik.

Der Grund hierfür liegt wahrscheinlich in der Krise der »Normalität«, die die alten Normen radikal in Frage stellt. Angesichts dieser Situation stehen die Individuen vor der Notwendigkeit, neue Normen zu entwickeln. Da sich die neuen Normen nicht aus den alten herleiten lassen, da die Übernahme der Normen anderer Völker, obwohl sie versucht wird, sich für die Mehrheit doch als nicht praktikabel erweist, muß zunächst ein Weg gefunden werden, auf dem sich neue Normen entwickeln lassen. So ergibt sich zwangsläufig eine Privilegierung des Verfahrens. Entscheidend ist also die Radikalität der Krise, die gewissermaßen »reinen Tisch« macht, keine Werte an sich oder Grundprinzipien übrigläßt, die sich als Ausgangspunkt für einen Neuansatz eignen. Was übrigbleibt, sind das »inhaltsleere« Prinzip der Selbstbezüglichkeit und das Verfahren der Kommunikation über alles und jedes.

Während im alten kulturellen Modell die menschlichen Beziehungen weitgehend durch Normen bestimmt wurden – Normen wie etwa die Autorität des Familienvaters –, werden nun immer mehr Inhalte und Formen der Beziehungen ausgehandelt. Das geht so weit, daß die Eltern mit ihren Kindern über die Erfüllung von Aufgaben verhandeln, die früher schlicht und einfach befohlen wurde. Und selbstverständlich wird auch in Partnerschaften vieles ausgehandelt, was früher durch die Rollenzuweisungen des alten kulturellen Modells geregelt war. Dieses Aushandeln ist sicher kein einfacher Kommunikationsprozeß, aber es ist eine Chance, viel mehr Entscheidungen über die eigene Lebensführung als früher individuell und frei zu treffen.

Wie wir gesehen haben, sind es gerade die Schwierigkeiten der menschlichen Kommunikation, die das Bedürfnis nach Kommunikation heute zu einem stark empfundenen Grundbedürfnis werden lassen. In dem Versuch allerdings, dieses Bedürfnis in Alltagspraxis umzusetzen, werden immer mehr Individuen der Regeln gewahr, die eine ungestörte, Verständigung anstrebende Kommunikation überhaupt erst ermöglichen. Es sind die Regeln der »idealen Kommunikationsgemeinschaft«, wie sie von Karl-Otto Apel, oder der »herrschaftsfreien Kommunikation«, wie sie von Jürgen Habermas formuliert wurden. Die Jugendlichen definieren diese Regeln nicht oder nur teilweise explizit, aber die Fallbeispiele von Frank, Roswitha und Kurt zeigen doch, daß sie ihren Idealvorstellungen von Kommunikation implizit sind.

Da die Diskurs-Ethik keine inhaltlichen moralischen Vorschriften oder Prinzipien formuliert, sondern nur den formalen Weg der Lösung ethischer Probleme erklärt, nämlich den Diskurs, die Kommunikation mit dem Ziel der Verständigung und der Konsensfindung, erweist sie sich als das geeignete Verfahren für die Entwicklung neuer Normen. Die »Letztbegründung« für diese Ethik sieht Karl-Otto Apel in der Tatsache, daß jeder, der ernsthaft argumentiert, und das tut tendenziell jeder Mensch, damit schon voraussetzt, daß der oder die anderen fähig, wenn schon nicht willens sind, seine Argumente als Argumente zu akzeptieren, also eine ungestörte Kommunikation mit ihm einzugehen. Habermas spricht von der kommunikativen Rationalität, die dem Menschen potentiell mit der Sprache gegeben ist.

Nun erscheint es mir wirklich erstaunlich, wie weitgehende Übereinstimmungen hier mit unseren empirischen Befunden festzustellen sind. Kurt etwa vermißt die »totale Vertrauensbasis«, die unserer Interpretation nach im Ansatz im alten kulturellen Modell gegeben war, wenn sie auch oft gestörte oder Verständigung nur simulierende Kommunikation produzierte. Aber Kurt kommuniziert trotzdem, weil er weiß, daß sein Kommunikationspartner und er eine solche Kommunikationsbasis herstellen können – und das heißt nichts anderes, als daß er kommunikative Rationalität voraussetzt oder zumindest erwartet.

Mehr noch. Aus der Diskussion der diskursethischen Theorie ergibt sich ein wichtiges, natürlich ebenfalls formales Prinzip dieser Ethik: die Anerkennung der Differenz. Die Differenz der Individuen ist allemal gegeben, aber erst wenn die Eigenständigkeit und Eigentümlichkeit des jeweils anderen anerkannt und respektiert werden, hat der Versuch der Konsensfindung überhaupt Sinn. Wie soll anders das Bemühen etwa Roswithas um Konsensfindung mit ihrem Partner charakterisiert werden, als von genau diesem Prinzip geleitet. Dabei spielt für die Interpretation überhaupt keine Rolle, ob dieser Versuch gelingt; wichtig für unsere Argumentation ist vielmehr, daß sie ausdrücklich dieses Prinzip der Anerkennung der Differenz formuliert und zu ihrem eigenen macht.

Roswitha handelt auf der Ebene der Partnerschaft, Frank auf der der größeren Gemeinschaft, wobei die Gewerkschaft die traditionelle und der Motorradclub die neue Form der Vergemeinschaftung repräsentieren. In beiden Fallbeispielen versuchen die Individuen, die Grundnorm der wechselseitigen Anerkennung als Personen zu respektieren. Für Frank ist es die Form der Konfliktaustragung im Motorradclub, die ihn überzeugt: Sie erscheint, was den Inhalt angeht, als explizit vom Bestreben getragen, Ansprüche aller Mitglieder zu berücksichtigen, und sich zu bemühen, was die Form angeht, die Regeln einer herrschaftsfreien Kommunikation zu respektieren. Als ob die einzelnen Mitglieder wüßten, daß das Ideal der Kommunikationsgemeinschaft sie »verpflichtet, (alle virtuellen) Ansprüche aller Mitglieder zu berücksichtigen« (Apel 1973). Franks Freude über die Form der Konfliktaustragung könnte in diesem Sinn als Freude über einen Schritt von der realen in Richtung auf die ideale Kommunikationsgemeinschaft interpretiert werden.

Der universalistische Charakter der Alltagssolidarität wurde bereits hervorgehoben; er entspricht der diskursethischen Forderung, alle der sprachlichen Kommunikation fähigen Wesen als Personen anzuerkennen. Die wechselseitige Anerkennung der individuellen Identität war übrigens eines der ersten Merkmale des neuen kulturellen Modells, das uns bei der Interpretation des empirischen Materials auffiel. Die Jugendlichen wollen nicht mehr wie im alten kulturellen Modell aufgrund von Leistungen irgendwelcher Art in ihrer Identität anerkannt werden, sondern erwarten diese Anerkennung gewissermaßen vor jeder Leistung in der beruflichen Arbeit oder Rollenerfüllung. Sie wollen als Person anerkannt werden und wissen oder ahnen, daß diese Anerkennung die Wechselseitigkeit voraussetzt.

Im Strukturmerkmal des neuen kulturellen Modells, alle Gegenstände von Kommunikation und Interaktion kommunikativ zu legitimieren, ist unschwer die diskursethische Forderung zu erkennen, die sich aus dem »Apriori der Argumentation« ergibt, »nicht nur alle ›Behauptungen‹ der Wissenschaft, sondern darüber hinaus alle menschlichen Ansprüche (...) zu rechtfertigen« (Apel 1973, S. 424).

Mit dem Hinweis auf diese verblüffenden Analogien will ich nun keineswegs behaupten, mit dem neuen kulturellen Modell seien wir auf dem geraden Weg zur »idealen Kommunikationsgemeinschaft« oder hätten sie bereits erreicht. Davon kann keine Rede sein. Die Ambivalenzen der neuen kommunikativen Kultur sind vielleicht nicht deutlich genug herausgearbeitet worden; immerhin habe ich versucht, auf sie hinzuweisen. Die auf idealtypische Strukturen zielende Forschungsarbeit und ihre Darstellung hat notwendigerweise solche Strukturen privilegiert und die Ambivalenzen, Vermischungen und Gegentendenzen vernachlässigt. Dennoch läßt sich festhalten, daß mit dem Auftreten eines neuen kulturellen Modells mit den beschriebenen Merkmalen die Ausgangssituation für die Verwirklichung der in der realen Kommunikationsgemeinschaft angelegten idealen Kommunikationsgemeinschaft neu definiert ist.

6. Identitätskrise und neuer Individualismus

Es scheint mir ganz unzweifelhaft zu sein, daß der soziokulturelle Wandel eine Veränderung von Identität, ja Identitätskrisen und -neubestimmungen einschließt. Wenn die impliziten Normen der lebensweltlichen Normalität in Frage gestellt sind, dann befindet sich das Individuum in einer äußerst schwierigen, labilen Situation. In einer »normalen« Lage schwimmt das Individuum als bewußtes Subjekt gewissermaßen auf einem Meer von »impliziten Deutungen« (Douglas 1975). Diese stellen einen Teil seiner Lebenswelt dar, in die es hineingeboren wird und die es sich beim Aufwachsen mehr oder minder unbewußt aneignet. Die Krise des alten kulturellen Modells raubt vielen Jugendlichen und auch manchen Älteren diese lebensweltliche Sicherheit; sie sind aufs äußerste in ihren Identitätsstrukturen verunsichert. Diese Krise der Identität ist ein unweigerliches Element des soziokulturellen Wandels; es ist die Art und Weise, in der viele Individuen ihn persönlich und sehr direkt erleben, während andere nur durch ihre ablehnende oder zustimmende Reaktion zeigen, daß er nicht spurlos an ihnen vorübergeht.

Die Identitätskrise wirft die Individuen auf sich selbst zurück; sie werden veranlaßt, individuell, ja individualistisch auf sie zu reagieren. So entsteht ein »neuer Individualismus«, der, wie ich zeigen will, zwar mit dem alten verwandt, aber keineswegs identisch ist. Er ist gewissermaßen die Erscheinungsform der neuen Identität, genauer, der Bemühungen um das Finden einer neuen Identität.

Während die einen vom Tode des Individuums reden, beklagen andere das Aufleben eines radikalen Individualismus. Die Existenz dieses neuen Individualismus wird kaum noch bestritten, doch seine Interpretationen unterscheiden sich erheblich. Die verbreitetste Interpretation insistiert auf dem Individualismus und klassifiziert ihn von vornherein als altbekannt, durch den Verweis auf den Individualismus des sich durchsetzenden und dann triumphierenden Bürgertums. Diese Deutung unterstreicht den liberalen und manchmal auch libertären Charakter des neuen Individualismus. Die zweite Interpretation insistiert auf der Neuheit des Phänomens und versucht, es zu erklären. Sie soll hier verfolgt werden, obwohl von vornherein zugegeben werden muß, daß der neue Individualismus durchaus auch eine Weiterentwicklung des alten ist. Trotzdem würde die Interpretation des Phänomens als bloßer Fortsetzung des alten Individualismus am Wesentlichen vorbeigehen; sie müßte notwendig übersehen, daß der neue Individualismus Teil des soziokulturellen Wandels ist, der neue Identitätsstrukturen und neue Verkehrsformen hervorbringt.

Die neokonservative Interpretation des neuen Individualismus stellt insofern eine interessante Variante der ersten Individualismus-Deutung dar, weil sie einerseits das Phänomen ernst nimmt, das Recht auf Individualismus, auf Pluralität der Lebensstile und auf Hedonismus betont, andererseits aber den alten Individualismus einklagt und auf dem Leistungsprinzip insistiert, ohne das sich aus dem individualistischen Glücksstreben nur Parasitentum ergeben könne. Die Yuppies stellen gewissermaßen die praktische Umsetzung dieser Deutung dar.

Ein wichtiger Unterschied zwischen dem alten und dem neuen Individualismus liegt darin, daß der alte eher eine Wahl, eine Entscheidung des Individuums darstellt, während der neue in einer sozialen Situation des Zwangs entsteht (Beck 1986, Zapf 1987). Der Individualisierungsprozeß geht zwar seit Jahrhunderten vonstatten, aber es ist kaum möglich zu leugnen, daß er eine enorme Beschleunigung in den letzten Jahren beziehungsweise Jahrzehnten erfahren hat (Hoffmann-Nowotny 1988).

Dieser »Individualisierungsschub« (Beck 1983) erfaßt entgegen anderslautenden Annahmen auch die Arbeiter. Während sie zu Beginn dieses Jahrhunderts und auch noch in der Weimarer Republik in einer Lebenswelt lebten, die durch die Arbeiterkultur und durch »soziale und politische Gemeinsamkeiten und Identifizierungen« gekennzeichnet war, ist für sie heute eine »strukturelle Individualisierung« (Mooser 1984) festzustellen. Die Gründe dieser Individualisierung sieht Mooser in der »Ausweitung individueller Lebenschancen und -risiken auf der Grundlage der Lohnarbeit durch relativen Wohlstand, sozialstaatliche Sicherung, Mobilitäts- und Bildungsprozesse«. Die Analysen von Beck insbesondere, aber auch von Zapf und anderen stimmen darin überein, daß der Individualisierungsprozeß objektive und subjektive Faktoren kombiniert. Einer der wichtigsten Faktoren der Individualisierung ist die zunehmende Differenzierung der Sozialstruktur und Lebenslagen, das heißt vor allem der Lebenslagen und Sozialstruktur der Arbeiterklasse.

Während der Individualismus des frühen Bürgertums dem Staat – dies war ein Kernpunkt der liberalen Ideologie – nur die Rolle des »Nachtwächters« zuwies, überträgt der aktuelle Individualismus dem Staat viel weitergehende Verantwortung, vor allem, was die Sozialpolitik und die Sicherheitspolitik anbetrifft (Zapf 1987), weil die neuen Individualisten Sicherheit und Freiheit als gleichermaßen zu realisierende Dimensionen ihres Lebens anstreben (Mükkenberger 1989).

Hoffmann-Nowotny (1988) konstatiert, daß die bürgerliche Gesellschaft im Individuum ihre Basiseinheit hat. Dem könnte entgegengehalten werden, daß dies erst heute wirklich zutrifft und daß bis heute die Basiseinheit eher die

Kleinfamilie mit ihrer Aufteilung der produktiven und reproduktiven Aufgaben zwischen Mann und Frau war. Heute tritt an die Stelle der Kleinfamilie eine Vielzahl der Formen des Zusammenlebens oder Nicht-Zusammenlebens: vom Single über verschiedene Formen der Partnerschaft bis zur Kleinfamilie. Diese Vielfalt von Lebensformen ist ein Moment des Individualisierungsprozesses und wird als »Pluralisierung der Lebensstile« gekennzeichnet (Zapf 1987).

Jedes kulturelle Modell impliziert auf der Ebene des Individuums eine grundlegende spezifische Identitätsstruktur. Der neue Individualismus entsteht aus der Schwierigkeit, Identität ohne den Bezugsrahmen des alten kulturellen Modells zu definieren oder neu zu definieren. Das gilt vor allem für die Jugendlichen, die in der Phase der Adoleszenz und der Postadoleszenz vor der Notwendigkeit stehen, eine Ich-Identität (Erik Erikson 1959) auszubilden. Die Probleme dieser Identitätssuche werden heute enorm vergrößert durch das Fehlen von Formen und Bezugspunkten, die bisher durch die zum kulturellen Modell gehörige Lebenswelt geliefert wurden.

Diese Erosion von Normen ist ein Aspekt der Krise der Normalität. Meist stehen in der Diskussion die eher objektiven Aspekte wie die Krise des Normalarbeitsverhältnisses und des Normalarbeitstages, die durch die Deregulierung bedroht werden, im Vordergrund. Selbstverständlich sind diese Deregulierungen von zuvor allgemein gültigen und auch empirisch für die große Mehrzahl der Individuen geltenden Regeln, die meist in langen gewerkschaftlichen und politischen Kämpfen durchgesetzt wurden, ein wichtiges Element der Krise der Normalität. Andere sind die Unsicherheit der Beschäftigungsverhältnisse und die hohe Arbeitslosigkeit. Diese Faktoren tragen auch zur Erschütterung der subjektiven kulturellen Normen bei. Die subjektive Seite, die Krise der Normalität als Identitätskrise, wurde bisher eher vernachlässigt.

Die »impliziten Deutungen«, von denen zuvor schon die Rede war, sind in der Epoche des sich durchsetzenden Industriekapitalismus die Normen der säkularisierten Version der protestantischen Ethik, die ich als Strukturen des alten kulturellen Modells gekennzeichnet habe. Sie werden vom Individuum während seines Sozialisationsprozesses angeeignet und bilden dann in der spezifischen Form, die sie durch diesen Aneignungsprozeß erhalten, die impliziten Strukturen seines Denkens und Handelns, seiner Identität. Sie sind Teil seiner Lebenswelt, in die das Individuum hineinwächst. Dieses Hineinwachsen ist ein Moment des Aneignungsprozesses und damit zugleich Reproduktion und möglicherweise Veränderung der Lebenswelt. Wohlverstanden, die Normen des kulturellen Modells prägen, um in der Habermasschen Begriffswelt zu bleiben, »System« *und* »Lebenswelt«, aber sie werden unterschiedlich reproduziert. Die Institutionenwelt wird geschaffen, um gesellschaftlichen Strukturen Dauerhaftigkeit zu verleihen. Ihre Strukturen haben folglich einen anderen Charakter, sind unter anderem viel stabiler als die der Lebenswelt. Die Reproduktion der Lebenswelt, obwohl durchaus nicht unbeeinflußt vom »System«, ist dagegen durch ihre Abhängigkeit von den individuellen Aneignungs- und damit zugleich Produktionsprozessen viel flexibler, viel offener für Veränderungen und für Neues.

Es ist daher einsichtig, daß in Situationen des kulturellen Wandels, der hier von der Lebenswelt ausgeht, Widersprüche zwischen System und Lebenswelt, aber natürlich auch innerhalb der Lebenswelt und wahrscheinlich später auch innerhalb des Systems auftreten. Ein Beispiel für die Reaktion der Jugendlichen auf diese Widersprüche ist das grundlegende Mißtrauen gegenüber dem Staat und seinen

Institutionen, aber auch gegenüber nichtstaatlichen Institutionen und Großorganisationen, das in vielen empirischen Studien festgestellt wird. Bei jungen Arbeitslosen ist es natürlich das Arbeitsamt, das ihnen als wichtigste staatliche Institution gegenübertritt und mit dem sie durchaus ihr Mißtrauen rechtfertigende Erfahrungen machen; in der Regel sind das Arbeitsamt und die dort Arbeitenden von den Normen des alten kulturellen Modells geprägt, aber auch hilflos gegenüber dem Phänomen Jugendarbeitslosigkeit und der konkreten Situation der Betroffenen und können nur mit Palliativmitteln wie den Arbeitsbeschaffungsmaßnahmen reagieren. Die Jugendlichen mit ihrem charakteristischen »Realismus« durchschauen den eingeschränkten Sinn dieser Palliativmittel meist sehr schnell und reagieren mit Distanzierung und Kritik. Das Arbeitsamt funktioniert nicht mehr, was nur eine der Erscheinungsformen der Krise der Normalität ist, einer der vielen für die Situation des Wandels charakteristischen Widersprüche zwischen Anspruch und Wirklichkeit, die die Betroffenen verunsichern, auf sich selbst zurückwerfen, und das heißt: individualisieren.

Eine andere Erscheinungsform ist die Veränderung der Verteilung der zugewiesenen Rollen in der Gesellschaft, vor allem also die zwischen Mann und Frau. Wenn diese Veränderung auch noch weit hinter den berechtigten Forderungen der Frauen zurückbleibt, so reicht doch das, was geschehen ist, aus, um die alte Normalität auf diesem Gebiet zu erschüttern. An diesem Beispiel wird klar, daß zum einen der Wandel wahrscheinlich erst am Anfang steht, denn es ist nicht einzusehen, warum die Frauen mit dem Erreichten zufrieden sein sollten; zum anderen, daß es auch Gebiete gibt, auf denen die soziokulturellen Veränderungen im »System« weiter fortgeschritten sein können als in der Lebenswelt, denn in der gesetzlichen Gleichberechtigung der Frau scheint mir mehr erreicht zu sein als etwa in der eher der Lebenswelt zuzuordnenden Aufteilung der häuslichen Aufgaben.

Das Beispiel macht aber deutlich, wie differenziert dieser Veränderungsprozeß vor sich geht, denn es ist offensichtlich, daß in manchen Familien bestimmte Normen des alten kulturellen Modells noch gelten, in anderen nicht mehr. Dazu kommen zeitliche Differenzierungen: So wird in einem Fall der Mann arbeitslos, hat als Teilinvalide kaum eine Aussicht auf einen neuen Arbeitsplatz, die Frau nimmt gern ihren alten Beruf in einer Teilzeitbeschäftigung wieder auf – und innerhalb weniger Jahre verändert sich das bislang noch stabile Normengefüge und die entsprechende Lebenspraxis.

Es kann festgehalten werden, daß das für das alte kulturelle Modell typische Rollengefüge sich ebenfalls in einer Krise befindet und ein verwirrendes Bild zeigt: im einen Fall scheint es noch unverändert intakt zu sein, im anderen ist es aufgelöst, und im dritten stehen alte Rollen und neue »Nicht-Rollen« unvermittelt nebeneinander. Die distanzierende Reaktion derer, die sich »neu« mit diesem Verwirrspiel auseinandersetzen müssen – zu dem noch die kulturelle Kritik der Rollenzumutungen hinzutritt –, erscheint so nur allzu verständlich.

Für die Frage nach der Ausbildung der für das alte kulturelle Modell typischen Identitätsstrukturen kann von der Arbeit Erik Eriksons ausgegangen werden, der den Prozeß der Gewinnung einer Ich-Identität als Abfolge von Krisen beschreibt, in dem das Subjekt in der Spannung von Ich-Abgrenzungen und Bindungen zu seinem Ich findet. Habermas beschreibt in seiner Diskussion der Identitätsstrukturen und -probleme die Aufgabe der Ich-Identität sehr prägnant: »Sie bewährt sich in der Fähigkeit, der eigenen Lebensgeschichte Kontinuität zu geben. Im Zuge des Individuierungsprozesses muß der einzelne seine Identität hinter die Linien der konkreten Lebenswelt und seines an dieser Herkunft haftenden Charakters zurücknehmen. Die Identität des Ich kann dann nur noch über die abstrakte Fähigkeit stabilisiert werden, auch angesichts inkompatibler Rollenerwartungen und im Durchgang durch eine Folge widersprüchlicher Rollensysteme den Forderungen nach Konsistenz und damit Bedingungen der Rekognition zu genügen. Die Ich-Identität des Erwachsenen bewährt sich in der Fähigkeit, aus den zerbrochenen oder überwundenen Identitäten neue Identitäten aufzubauen und mit den alten so zu integrieren, daß sich das Geflecht der eigenen Interaktionen zur Einheit einer zugleich unverwechselbaren und zurechenbaren Lebensgeschichte organisiert« (Habermas 1981 II, S. 150). Hier werden zugleich Widersprüche der Identitätsstrukturen im alten kulturellen Modell deutlich, auf die noch zurückzukommen sein wird.

Die existentielle Situation der Jugendlichen und aller, die aktuell eine Identitätskrise erleben, kann als eine Zwangslage beschrieben werden, denn sie stehen unter dem Zwang, eine »normale« Ich-Identität unter keineswegs normalen Bedingungen herauszubilden. Sie fühlen sich auf sich selbst zurückgeworfen, sie erleben unter diesem Gesichtspunkt passiv eine Individualisierung, auf die sehr viele reagieren, indem sie die Haltung des sogenannten neuen Individualismus herausbilden. Er entsteht also aus einer Notlage heraus und kann als subjektiver Ausdruck und zugleich aktive Bewältigung der Individualisierung gekennzeichnet werden. Der neue Individualismus ist die subjektive Erscheinungsform der Individualisierung unter den Bedingungen des aktuellen soziokulturellen Wandels. Er ist das Produkt der neuen Form der »Sorge um sich«, der Bemühungen der Individuen um Selbstverwirklichung.

In ihrer Analyse der *Gewohnheiten des Herzens* der heutigen Nordamerikaner unterscheiden Bellah et al. (1985) den utilitaristischen Individualismus eines Benjamin Franklin vom expressiven Individualismus eines Walt Whitman (»I sing the Self«). Da der neue Individualismus von der Suche nach Selbstverwirklichung hervorgebracht wird, übernimmt er in einer gewissen Weise die expressive Seite des alten, aber kaum seine utilitaristische Seite. Bellah et al. versäumen, auf das Elitäre im expressiven Individualismus alter Prägung hinzuweisen. In *dessen* Sinne ist die Suche der Jugendlichen nach Selbstverwirklichung nichts Neues; die große Literatur liefert für sie beeindruckende Beispiele. Das Neue ist der Massencharakter, ist die »Demokratisierung« des Phänomens (Yankelovich 1981).

Das Fehlen organischer kollektiver Identitäten gehört zu den nicht normalen Bedingungen der Identitätsbildung und verstärkt zugleich den Individualisierungsschub. Die Suche nach einer individuellen Identität wird eine Notwendigkeit für das Individuum, das sich nicht in die künstliche kollektive Identität zum Beispiel einer religiösen oder politischen Sekte flüchten will. Doch angesichts der Ängste, die die Suche nach Selbstverwirklichung im Individuum hervorrufen kann, ergreift eine Minderheit die Flucht, was den Erfolg von Jugendsekten oder auch des christlichen Fundamentalismus in den USA erklären mag (Yankelovich 1981).

Die Suche nach Selbstverwirklichung stellt zum einen einen Zwang dar; zum anderen wird sie aber von vielen – vor allem aber von älteren Individuen, die eine Identitätskrise durchmachen – als eine Befreiung erlebt. Die Gründe hierfür liegen in der charakteristischen Identitätsstruktur des alten kulturellen Modells, die auch die Basis des alten Individualismus darstellte: Sie enthielt die Fiktion der Einheit des individuellen Ichs, der Einheit des bürgerlichen Subjekts. Es war eine Fiktion und zugleich eine Realität, aber eine gewaltsam hergestellte Realität, weil die Einheit durch die Abspaltung des Nicht-Integrierbaren, durch den Ausschluß des Disparaten, des Nicht-Identischen hergestellt wurde. Elias hat diesen Prozeß als den einer Verinnerlichung von Zwängen beschrieben (Elias 1969). Adorno und Horkheimer insistieren in der *Dialektik der Aufklärung* auf der Gewaltsamkeit des Prozesses: »Furchtbares hat die Menschheit sich antun müssen, bis das Selbst, der identische, zweckgerichtete, männliche Charakter des Menschen geschaffen war, und etwas davon wird noch in jeder Kindheit wiederholt. Die Anstrengung, das Ich zusammenzuhalten, haftet dem Ich auf allen Stufen an, und stets war die Lockung, es zu verlieren, mit der blinden Entschlossenheit zu seiner Erhaltung gepaart« (Adorno/Horkheimer 1944, S. 33).

Die Abspaltung des Nichtidentischen ist Opfer der Natur, der inneren wie der äußeren Natur. »In der Klassengesellschaft schloß die Feindschaft des Selbst gegen das Opfer ein Opfer des Selbst ein, weil mit der Verleugnung der Natur im Menschen bezahlt ward um der Herrschaft über die außermenschliche Natur und über andere Menschen willen.« Heute wird immer deutlicher, daß die Herrschaft über die äußere Natur zugleich ihre Opferung, ihre Zerstörung, beinhaltet. Weit weniger sind sich die Menschen dessen bewußt, was dieser Prozeß für die innere Natur bedeutet. »Die Herrschaft des Menschen über sich selbst, die sein Selbst begründet, ist virtuell allemal die Vernichtung des Subjekts, in dessen Dienst sie geschieht, denn die beherrschte, unterdrückte und durch Selbsterhaltung aufgelöste Substanz ist gar nichts anderes als das Lebendige, als dessen Funktion die Leistungen der Selbsterhaltung einzig sich bestimmen, eigentlich gerade das, was erhalten werden soll« (Adorno/Horkheimer 1944, S. 50f.). Diesen Satz mit Beschreibungen der Zwangsneurose zu vergleichen (z. B. in

Grenkowitz/Loest/Zoll 1988, S. 167ff.), lohnt sich, weil so der Zwangscharakter der Identitätsstrukturen im alten kulturellen Modell deutlich wird. Unter diesem Blickwinkel ist die Identität des Zwangsneurotikers nur eine extreme Ausprägung »normaler« bürgerlicher Identität, und die Identitätsbemühungen der neuen Individualisten lassen sich als Rebellion gegen den Zwangscharakter beschreiben.

Auf der psychischen Ebene ist diese zwanghafte Einheit durch Verdrängung charakterisiert, weil sie nicht anders als durch Verdrängung der Triebregungen, die mit dem gesellschaftlichen Identitätsmodell in Konflikt stehen, herstellbar ist. Sie ist eine Fiktion, denn sie kann niemals eine vollständige Einheit sein, sie enthält notwendig Brüche, da das Nicht-Integrierbare nicht nur außen, sondern auch innen ist. In der Pionierphase des Bürgertums und des Individualismus richteten sich die Bemühungen der Individuen auf die Konstruktion einer solchen Einheit, die zu Eroberungen, zu Pioniertaten fähig war. Erst viel später wurden die Risse in der rigiden Einheit entdeckt. Heute brechen die Risse auf oder sind schon aufgebrochen. Die Folgen für die Individuen sind Identitätskrisen, die oft fremde Hilfe notwendig machen. In der Bundesrepublik wird von der »Therapie-Gesellschaft« gesprochen, und Bellah et al. (1985) stellen fest, daß die Leitfiguren der amerikanischen Mittelschicht heute der Manager und der Therapeut sind. Die Analyse des therapeutischen Diskurses bestimmter psychotherapeutischer Richtungen, wie sie von Bellah et al. (1985) vorgenommen wird, ist für das Verständnis des neuen Individualismus hilfreich.

Solche Diskurse versuchen immer, selbst wenn sie außerordentlich diszipliniert vonstatten gehen, offene Kommunikation zu sein (J. Ruesch 1973). Die Öffnung betrifft genau das, was als nicht integrierbar und irrational ausgeschlossen war, das »Andere der Vernunft« (Böhme/Böhme

1985). Das Ziel solcher therapeutischen Diskurse ist es, eine neue Synthese des Individuums, eine neue Identität zu ermöglichen.

Der neue Individualismus entsteht also aus dem Scheitern des alten, aus dem Aufbrechen der alten Identitätsstrukturen. Das Individuum, das die Krise des alten kulturellen Modells als eine Krise seiner eigenen Identität erlebt, wird zwangsläufig in eine offene Situation hineingeworfen. Viele werden von Panik ergriffen und verzweifeln, verharren in einer Art Angststarre oder flüchten. Andere dagegen suchen die neue Synthese und müssen sich also sich selbst zuwenden. Daher rührt die narzißtische Seite des neuen Individualismus, daher die Ich-Bezogenheit, der Egotismus dieser Individuen.

Das Aufbrechen der starren Strukturen ist eine Befreiung, aber es gewährt eine ambivalente Freiheit. Die einen werfen sich gierig auf die Vielzahl der möglichen Alternativen, die anderen suchen verzweifelt den Weg, der der ihre sein könnte, und andere schließlich werden gelähmt: angesichts der dringenden Notwendigkeit einer Wahl verweigern sie sich. Die gesellschaftliche Komplexität wird noch durch die extreme Differenzierung des freien oder zwanghaften Charakters der Situation verstärkt: Ein Jugendlicher, der seine Individualität auf expressive Weise sucht, hat in der Tat eine große Wahlfreiheit. Er kann sich für eine Punkfrisur entscheiden oder fotografieren, er kann malen, er kann ein Instrument spielen oder »Körperarbeit« machen; wenn derselbe Jugendliche jedoch vor der Notwendigkeit einer beruflichen Entscheidung steht, kann er heute bei entsprechenden Voraussetzungen zwar fast jeden Weg der Berufsausbildung wählen, aber die Chancen, wirklich zu finden, was er sucht, das heißt eine Arbeit mit kreativen oder sozial nützlichen Aspekten, eine Arbeit, in der er sich selbstverwirklichen kann, sind außerordentlich gering. Es ist verständlich, daß viele das Rennen um solche Arbeitsplätze aufgeben, bevor es begonnen hat.

Die offensichtliche Folge dieser Situation ist es, daß die Individuen die Suche nach Selbstverwirklichung auf andere Terrains als das der beruflichen Arbeit verlagern. Zwar sind die Situationen der Nicht-Arbeit und der unmittelbaren Sorge um sich ebenso gesellschaftlich bestimmt wie die der Lohnarbeit, aber angesichts der Krise des alten kulturellen Modells sind sie relativ offen.

Von einem philosophischen Gesichtspunkt aus betrachtet kann Identität niemals definitiv, niemals total sein. Von Identität zu sprechen, hat nur Sinn, wenn die Rede die Dimension Zeit einbezieht. Nur das kann wahrhaft identisch mit sich selbst sein, was außerhalb der Zeit steht. Aber es gibt ein relatives Mit-sich-selbst-identisch-Sein, ohne das Differenzierung nicht möglich wäre (Frank 1986). Eine nicht zwanghafte Identität wäre also durch ein solches relatives Mit-sich-selbst-identisch-Sein, eher durch Kohärenz und Kontinuität – durchaus im Sinne des alten Identitätsbegriffes – als durch definitive Identität charakterisiert. Was die Krise ebenfalls nicht überlebt, ist das Ideal der totalen Integriertheit; das Individuum muß lernen, Bruchstückhaftes, Fragmentarisches, Anderes im emphatischen Sinn zuzulassen, als Teil seiner Identität zu akzeptieren.

Die Bemühungen des alten Individualismus um eine definitive Identität waren also zum Scheitern verurteilt. Sie gaben der Identität des bürgerlichen Subjekts ihren rigiden, nicht-flexiblen Charakter. Die neue Form der Suche nach Selbstverwirklichung ist geprägt vom Versuch, das Prinzip der totalen Identität und seine Starrheit zu überwinden. Von daher rührt auch die Erkenntnis, daß eine Synthese nicht definitiv sein kann, daß das Individuum nur relativ provisorische Gleichgewichte finden kann. In der Sprache des therapeutischen Diskurses sind es Etappen: Die Individuen

»kommen an«, aber sie gehen nach einer Zeit weiter. Der »Weg« wird privilegiert.

Der neue Individualismus enthält also eine Hoffnung, die Hoffnung auf eine neue Form der Identität des menschlichen Subjekts, die in einer gewissen Weise die Versprechungen des alten Individualismus einlöst und die Wunden heilt, die das Aufbrechen der starren Identität des bürgerlichen Individuums notwendig verursacht. So betrachtet ist der neue Individualismus eher ein Projekt, eine Perspektive. Er könnte an die Stelle »der rigiden Einheit des bürgerlichen Subjekts« die »flexiblere Organisationsform einer ›kommunikativ verflüssigten‹ Ich-Identität« setzen, wie es Albrecht Wellmer (1985), oder eine »Patchwork-Identität«, wie es Heiner Keupp (1989, 1991) formuliert hat.

Heute gibt es zahlreiche Studien, die die Rigidität und Zwangshaftigkeit der alten Identitätssynthese untersuchen. Die Risse und selbst das Aufbrechen der rigiden Identitätsstrukturen sind evident. Aber daraus auf den Tod des Individuums zu schließen, bedeutet, die Rigidität mit der Identität zu identifizieren, bedeutet, am Prinzip der definitiven, der totalen Identität und damit am Ausschluß des Nicht-Integrierbaren, des Anderen festzuhalten. Die Rede vom Tod des Individuums wie auch das Aufgeben des Identitätsbegriffes bleiben also dem alten kulturellen Modell verhaftet und sind unfähig, sich dem Neuen, das in der Krise entsteht, zu öffnen; sie geben mit den alten Begriffen zugleich deren utopischen Gehalt auf, wozu keine Notwendigkeit besteht. Im Gegenteil: Gerade die neuen Formen von Individualität und Identität geben trotz und in ihrer Ambivalenz Anlaß zur Hoffnung auf »Versöhnung«, weil sich in ihnen die Möglichkeit eines neuen Verhältnisses zur inneren und äußeren Natur andeutet.

Literatur

Adorno, Theodor W./Horkheimer, Max (1947), *Dialektik der Aufklärung*, Amsterdam

Apel, Karl-Otto (1973), *Transformation der Philosophie*, Frankfurt/M.

Balbo, Laura (1991), *Tempi di Vita*, Milano

Bateson, Gregory (1981), *Ökologie des Geistes*, Frankfurt/M.

ders./Bateson, Mary Catherine (1987), *Angels fear – Towards an Epistemology of the Sacred*, New York

Beck, Ulrich (1983), *Jenseits von Stand und Klasse*, in: *Soziale Welt*, Sonderband 2

ders. (1986), *Risikogesellschaft – Auf dem Weg in eine andere Moderne*, Frankfurt/M.

ders./Beck-Gernsheim, Elisabeth (1990), *Das ganz normale Chaos der Liebe*, Frankfurt/M.

Bell, Daniel (1991), *Die kulturellen Widersprüche des Kapitalismus*, Frankfurt/M.

ders. (1976), *The Cultural Contradictions of Capitalism*, New York

Bellah, Robert N. et al. (1985), *Habits of the heart. Individualism and commitment in American Life*, University of California

ders. (1987), *Gewohnheiten des Herzens: Individualismus und Gemeinsinn in der amerikanischen Gesellschaft*, Köln

Böhme, Hartmut/Böhme, Gernot (1985), *Das Andere der Vernunft*, Frankfurt/M.

Cavalli, Alessandro (1985), *Il tempo dei giovani*, Bologna

ders. (1988), *Zeiterfahrungen von Jugendlichen*, in: Zoll (1988)

ders. (1992), *Der soziokulturelle Wandel in Italien: Modelle der Arbeitsorientierung junger Menschen*, in: Zoll (1992)

Croussy, Gérard (1989), *La Génération de la communication*, Lille

Douglas, Mary (1975), *Implicit Meanings*, London

Elias, Norbert (1969), *Über den Prozeß der Zivilisation*, Frankfurt/M.

Erikson, Erik H. (1959), *Identity and the Life Cycle*, New York

Ewers, Michael (1988), *Zeitordnungen des Lebendigen,* in: Zoll (1988)

Fend (1988), *Sozialgeschichte des Aufwachsens,* Frankfurt/M.

Frank, Manfred (1986), *Die Unhintergehbarkeit von Individualität,* Frankfurt/M.

Fromm, Erich (1980), *Die Kunst des Liebens,* Frankfurt/M., Berlin, Wien

Geissler, Birgit (1984), *Vielleicht kann ich sogar sagen, daß ich ein fanatischer Gewerkschafter bin,* in: Zoll 1984b

dies. (1984), *Die Arbeitsorientierungen von Lohnarbeitern,* in: Zoll (1984b)

Giddens, Anthony (1990), *The Consequences of Modernity,* Stanford, California

Goldmann, Lucien (1966), *Dialektische Untersuchungen,* Neuwied, Berlin

Goldthorpe, John H. et al. (1986), *The Affluent Worker: Industrial Attitudes and Behaviour,* Cambridge

Gorz, André (1988), *Métamorphoses du travail – Quête du sens,* Paris

ders. (1989), *Kritik der ökonomischen Vernunft,* Berlin

Göhre, Paul (1891), *Drei Monate Fabrikarbeiter und Handwerksbursche – eine praktische Studie,* Leipzig

Grell, Paul (1985), *La débrouillardise sociale – Etude du chomage et de ses conséquences,* Université de Montréal

Grenkowitz, A./Loest, H./Zoll, R. (1988), *Die Zwanghaftigkeit von Zeitstrukturen im Alltag, in der Zwangsneurose und im Faschismus,* in: Zoll (1988)

Grießinger, Andreas (1981), *Das symbolische Kapital der Ehre,* Frankfurt/M., Berlin, Wien

Guggenberger, Bernd (1988), *Wenn uns die Arbeit ausgeht,* München, Wien

Habermas, Jürgen (1981), *Theorie des kommunikativen Handelns,* Frankfurt/M., 2 Bde.

Hoffmann-Nowotny, Hans-Joachim (1988), *Gesellschaftliche Determinanten des Individualisierungsprozesses,* Ms., Berlin, Zürich

Horkheimer, Max (1970), *Autorität und Familie,* in: ders., *Traditionelle und kritische Theorie,* Frankfurt/M.

Inglehart, Ronald (1977), *The Silent Revolution*, Princeton, New Jersey

Jahoda, Marie (1933), *Die Arbeitslosen von Marienthal*, Leipzig (Frankfurt 1975)

Keupp (1989), *Auf der Suche nach der verlorenen Identität*, in: *Riskante Chancen. Das Subjekt zwischen Psychokultur und Selbstorganisation*, Heidelberg, Asanger

ders. (1989), *Verunsicherungen – Das Subjekt im gesellschaftlichen Wandel*, Göttingen, Toronto, Zürich

ders. (1991), *Identitätsverlust oder neue Identitätsentwürfe*, in: Zoll (1992)

Knapp, Gudrun-Axeli (1980), *Identifikation und Gleichgültigkeit*, Diss. Hannover

Lalive d'Epinay, Christian/Garcia, Carlos (1988), *Le mythe du travail en Suisse*, Genève

Lalive d'Epinay, Christian (1990), *Die Schweizer und die Arbeit – Von den Gewißheiten der Vergangenheit zu Fragen der Zukunft*, Zürich

Luhmann, Niklas (1973 u. 1989), *Vertrauen*, Stuttgart

Molitor, Michel/de Rongé, Annick (1987), *Jeunes et identité au travail*, Ms., Louvain-la-Neuve

Molitor, Michel (1992), *Die Arbeitsorientierungen von Jugendlichen in Belgien*, in: Zoll (1992)

Mooser, Josef (1984), *Arbeiterleben in Deutschland 1900-1970*, Frankfurt/M.

Mückenberger, Ulrich (1989), *Der Wandel des Normalarbeitsverhältnisses unter Bedingungen einer »Krise der Normalität«*, in: *Gewerkschaftliche Monatshefte* 4/89

Neumann, Enno (1984), *Zur Methode der Durchführung und hermeneutischen Interpretation von Interviews*, in: Zoll (1984b)

Neumann, Enno (1984), *Gesellschaftsbilder und alltagspraktische Orientierungen*, in: Zoll (1984b)

Neumann, Enno (1988), *Das Zeitmuster der protestantischen Ethik*, in: Zoll (1988)

Oevermann, Ulrich et al. (1979), *Die Methodologie einer objektiven Hermeneutik und ihre allgemeine forschungslogische Bedeutung in den Sozialwissenschaften*, in: H. G. Soeffner (Hg.),

Interpretative Verfahren in den Sozial- und Textwissenschaften, Stuttgart

Plogstedt, Sybille/Bode, Kathleen (1986), *Übergriffe – Sexuelle Belästigungen in Büros und Betrieben,* Reinbek bei Hamburg

Popp, Roland (1984), *Thesen zur Geschlechterbeziehung. Arbeitspapier im Rahmen des Projekts »Arbeitsorientierungen von Jugendlichen«,* Universität Bremen, Nov. 1984

Prigogine, Ilya/Stenger, Isabelle (1981), *Dialog mit der Natur,* München

Rammstedt, O. (1975), *Alltagsbewußtsein von Zeit,* in: *Kölner Zeitschrift für Soziologie und Sozialpsychologie* 27/1975

Richter, Götz (1991), *Die lineare Zeit – Eine Untersuchung zum Zusammenhang von Zeitform und Entfremdung,* Hamburg

Ruesch, J. (1973), *Therapeutic Communication,* New York

Schumann, M. et al. (1981), *Rationalisierung, Krise und Arbeiter, Forschungsberichte der ZWE Arbeit und Betrieb,* Universität Bremen

Schütze, Fritz (1977), *Die Technik des narrativen Interviews in Interaktionsfeldstudien – dargestellt an einem Projekt zur Erforschung von kommunalen Machtstrukturen,* Ms. Universität Bielefeld

Selvini-Palazzoli, Mara et al. (1981), *Paradoxon und Gegenparadoxon,* Stuttgart, 3. Aufl.

Thompson, Edward P. (1980), *Zeit, Arbeitsdisziplin und Industriekapitalismus,* in: ders., *Plebejische Kultur und moralische Ökonomie,* Frankfurt/M., Berlin, Wien

Vincent, Jean-Marie (1987), *Critique du travail,* Paris

Weber, Max (1922), *Gesammelte Aufsätze zur Religionssoziologie,* 2. Aufl., Tübingen

Wellmer, Albrecht (1985), *Zur Dialektik von Moderne und Postmoderne – Vernunftkritik nach Adorno,* Frankfurt/M.

Yankelovich, Daniel (1981), *New Rules – Searching for self-fulfillment in a world turned upside down,* New York

ders./Zetterberg, H./Strümpel, B./Sharks, M. (1985), *The World at Work,* New York, Octagon

Zapf, Wolfgang et al. (1987), *Individualisierung und Sicherheit,* München

Ziehe, Thomas (1975), *Pubertät und Narzißmus*, Frankfurt/M.
Zoll, R. (Hg.) (1981), *Arbeiterbewußtsein in der Wirtschaftskrise – Erster Bericht: Krisenbetroffenheit und Krisenwahrnehmung*, Köln
ders. (1982), *Krise und Alltagssolidarität*, in: *Gewerkschaftliche Monatshefte* 4/82
ders. (Hg.) (1984 a), *Die Arbeitslosen, die könnt ich alle erschießen! Arbeiter in der Wirtschaftskrise II*, Köln
ders. (Hg.) (1984 b), *Hauptsache, ich habe meine Arbeit – Krisenangst und Identität von Arbeitern*, Frankfurt/M.
ders. (Hg.) (1988), *Zerstörung und Wiederaneignung von Zeit*, Frankfurt/M.
ders. (Hg.) (1989), *Nicht so wie unsere Eltern! – Hypothese eines neuen kulturellen Modells*, Wiesbaden, Opladen
ders. (1990), *Beteiligung als Element einer neuen politischen Kultur in Alltag und Betrieb*, in: *WSI-Mitteilungen* 1/90
ders. (Hg.)/Brauer, Heinz/Springhorn-Schmidt, Margrit (1991), *Arbeitslose und Gewerkschaft*, Köln
ders. (Hg.) (1992), *Ein neues kulturelles Modell? – Der soziokulturelle Wandel in Westeuropa und Nordamerika*, Wiesbaden, Opladen

Neue Historische Bibliothek in der edition suhrkamp

»Hans-Ulrich Wehlers fast aus dem Nichts entstandene ›Neue Historische Bibliothek‹ ist (...) nicht nur ein forschungsinternes, sondern auch ein kulturelles Ereignis.« Frankfurter Allgemeine Zeitung

Abelshauser, Werner: Wirtschaftsgeschichte der Bundesrepublik Deutschland. NHB. es 1241

Alter, Peter: Nationalismus. NHB. es 1250

Berding, Helmut: Moderner Antisemitismus in Deutschland. NHB. es 1257

Berghahn, Volker: Unternehmer und Politik in der Bundesrepublik. NHB. es 1265

Bernecker, Walther L.: Sozialgeschichte Spaniens im 19. und 20. Jahrhundert. NHB. es 1540

Blasius, Dirk: Geschichte der politischen Kriminalität in Deutschland 1800-1980. Eine Studie zu Justiz und Staatsverbrechen. NHB. es 1242

Botzenhart, Manfred: Reform, Restauration, Krise. Deutschland 1789-1847. NHB. es 1252

Burkhardt, Johannes: Der Dreißigjährige Krieg 1618-1648. NHB. es 1542

Carsten, Francis L.: Geschichte der preußischen Junker. NHB. es 1273

Dippel, Horst: Die Amerikanische Revolution 1763-1787. NHB. es 1263

Dipper, Christof: Deutschland 1648-1789. NHB. es 1253

Ehmer, Josef: Sozialgeschichte des Alters. NHB. es 1541

Frevert, Ute: Frauen-Geschichte. Zwischen bürgerlicher Verbesserung und Neuer Weiblichkeit. NHB. es 1284

Geiss, Imanuel: Geschichte des Rassismus. NHB. es 1530

Geyer, Michael: Deutsche Rüstungspolitik 1860-1980. NHB. es 1246

Grimm, Dieter: Deutsche Verfassungsgeschichte 1776-1866. NHB. es 1271

Hentschel, Volker: Geschichte der deutschen Sozialpolitik 1880- 1980. Soziale Sicherung und kollektives Arbeitsrecht. NHB. es 1247

Hildermeier, Manfred: Die Russische Revolution. 1905-1921. NHB. es 1534

Holl, Karl: Pazifismus in Deutschland. NHB. es 1533

Jaeger, Hans: Geschichte der Wirtschaftsordnung in Deutschland. NHB. es 1529

Jarausch, Konrad H.: Deutsche Studenten 1800-1970. NHB. es 1258

Jasper, Gotthard: Die gescheiterte Zähmung. Wege zur Machtergreifung Hitlers 1930-1934. NHB. es 1270

Kiesewetter, Hubert: Industrielle Revolution in Deutschland 1815-1914. NHB. es 1539

314/1/2.92

Neue Historische Bibliothek in der edition suhrkamp

Kluge, Ulrich: Die deutsche Revolution 1918/1919. Staat, Politik und Gesellschaft zwischen Weltkrieg und Kapp-Putsch. NHB. es 1262

Kluxen, Kurt: Geschichte und Problematik des Parlamentarismus. NHB. es 1243

Kraul, Margret: Das deutsche Gymnasium 1780-1980. NHB. es 1251

Langewiesche, Dieter: Deutscher Liberalismus. NHB. es 1286

Lehnert, Detlef: Sozialdemokratie zwischen Protestbewegung und Regierungspartei 1848-1983. NHB. es 1248

Lenger, Friedrich: Sozialgeschichte der deutschen Handwerker seit 1800. NHB. es 1532

Lönne, Karl-Egon: Politischer Katholizismus im 19. und 20. Jahrhundert. NHB. es 1264

Marschalck, Peter: Bevölkerungsgeschichte Deutschlands im 19. und 20. Jahrhundert. NHB. es 1244

Mitterauer, Michael: Sozialgeschichte der Jugend. NHB. es 1278

Möller, Horst: Vernunft und Kritik. Deutsche Aufklärung im 17. und 18. Jahrhundert. NHB. es 1269

Mooser, Josef: Arbeiterleben in Deutschland 1900-1970. Klassenlagen, Kultur und Politik. NHB. es 1259

Pankoke, Eckart: Die Arbeitsfrage. NHB. es 1538

Peukert, Detlev J.K.: Die Weimarer Republik. NHB. es 1282

Radkau, Joachim: Technik in Deutschland. Vom 18. Jahrhundert bis zur Gegenwart. NHB. es 1536

Reulecke, Jürgen: Geschichte der Urbanisierung in Deutschland. NHB. es 1249

Rohe, Karl: Wahlen und Wählertraditionen in Deutschland. Kulturelle Grundlagen deutscher Parteien und Parteiensysteme im 19. und 20. Jahrhundert. es 1544

Schönhoven, Klaus: Die deutschen Gewerkschaften. NHB. es 1287

Schröder, Hans-Christoph: Die Revolutionen Englands im 17. Jahrhundert. NHB. es 1279

Schulze, Winfried: Deutsche Geschichte im 16. Jahrhundert. NHB. es 1268

Sieder, Reinhard: Sozialgeschichte der Familie. NHB. es 1276

Siemann, Wolfram: Die deutsche Revolution von 1848/49. NHB. es 1266

– Gesellschaft im Aufbruch. Deutschland 1849-1871. NHB. es 1537

Staritz, Dietrich: Geschichte der DDR 1949-1985. NHB. es 1260

Ullmann, Hans-Peter: Interessenverbände in Deutschland. NHB. es 1283

314/2/2.92

Neue Historische Bibliothek in der edition suhrkamp

Wehler, Hans-Ulrich: Grundzüge der amerikanischen Außenpolitik 1750-1900. Von den englischen Küstenkolonien zur amerikanischen Weltmacht. NHB. es 1254

Wippermann, Wolfgang: Europäischer Faschismus im Vergleich 1922-1982. NHB. es 1245

Wirz, Albert: Sklaverei und kapitalistisches Weltsystem. NHB. es 1256

Wunder, Bernd: Geschichte der Bürokratie in Deutschland. NHB. es 1281

Ziebura, Gilbert: Weltwirtschaft und Weltpolitik 1922/24-1931. Zwischen Rekonstruktion und Zusammenbruch. NHB. es 1261

314/3/2.92